JN100046

国際カルテル
狙われる日本企業

有吉功一
（時事通信記者）

同時代社

目次

はじめに

　中東の小国レバノンが、にわかに注目を浴びている。会社法違反（特別背任）などで起訴され、保釈中だった日産自動車の前会長、カルロス・ゴーンが２０１９年暮れ、日本からの「大脱走」の末、成功裏にたどり着いた地だからだ。ゴーンは、「世界で最も有名な逃亡者」となった。

　起訴され、裁判を待つ身のゴーンは、「被告人」と呼ばれていた。２０２０年春にも初公判が開かれるとみられていた。日本を違法に出国し、レバノンに身を寄せて以降は、「逃亡者」の烙印を押されることになった。

　逃亡者とは、ある法域で裁かれるべきところ、その法域を物理的に離れ、裁きを回避するため法域外にとどまっている者を指す。主権国家から他の主権国家への逃亡もあれば、米国では、ある州から別の州に逃げた者も逃亡者と呼ばれる。

　日本政府はレバノン政府に対し、ゴーンの身柄の引き渡しを要請している。レバノン当局が逮捕し、日本に移送するかが焦点となる。ただし、日本、レバノン間には犯罪人引き渡し条約がない。レバノン政府も2020年2月現在、ゴーンの引き渡しを拒否している。条約を締結していなくても、引き渡しが可能となる場合もあるが、困難を極めるとみられる。

日本政府は「インターポール」の通称で知られる国際刑事警察機構（ICPO）に、ゴーンの国際手配を要請した。「赤手配書」と呼ばれるものだ。ICPO加盟国は赤手配書に基づき、手配対象者の身柄を拘束し、手配要請国に移送することになっている。ただし、強制力はない。

世界を見渡せば、国際的なお尋ね者は意外と多い。たとえば中国の通信機器最大手、華為技術（ファーウェイ）の副会長兼最高財務責任者（CFO）の孟晩舟。孟は2018年12月、米国による対イラン経済制裁に違反した疑いで、米国の要請を受けたカナダ当局に逮捕された。保釈後、全地球測位システム（GPS）装置を介して監視を受けながら、バンクーバーの自宅に滞在している。2020年1月、カナダの裁判所で、米国への引き渡しをめぐる審理が始まった。

ドイツの自動車大手フォルクスワーゲン（VW）の元会長、マルティン・ウィンターコルンも、お尋ね者の身だ。ウィンターコルンは2018年3月、ディーゼル車の排ガス不正問題に関与したとして、米国で起訴された。ドイツ国内にいたウィンターコルンは、現在も国内にとどまっている。ドイツは米国との間で犯罪人引き渡し条約を締結しているが、自国民は引き渡さないことになっている。現在72歳のウィンターコルンは、ドイツ国内にとどまる限り、身の安全は保障される。

日本人はどうか。米当局に起訴されながら、人知れず日本国内にとどまっている逃亡者が、実は大量に存在している。この事実は一般にはあまり知られていない。ゴーンや孟、ウィンターコルンのような、メディアを賑わせる著名人ではないからだ。そのほとんどは、日本企業の幹部社員だ。

日本人逃亡者を大量に生み出すことになったのは、自動車部品カルテル事件と呼ばれる、国際カルテル事件だ。

2010年2月、日米欧などの競争当局によって一斉に立ち入り検査が行われたのが始まりだった。特に米当局の法執行は苛烈を極めた。米司法省はこれまでに企業46社を訴追した。その9割が日本企業だ。米国の独占禁止法に相当する反トラスト法違反で総額29億ドル超の罰金が科された。現在のレートで換算すると、3000億円を上回る。

個人も刑事訴追された。その数は66人に上る。2人を除き他は全員が日本人だ。66人のうち32人が有罪を認める司法取引に応じ、相次いで米国内の連邦刑務所に送り込まれた。

2020年2月、1人の韓国人幹部社員がドイツから米国に引き渡された。自動車部品カルテル事件で初めて米国に引き渡された被告人となった。

残り33人はどうなったのか。起訴されたものの、米国に渡って裁きを受けることを拒否しているのである。日本国内にとどまっているとみられる。逃亡者の道を選んだのだ（ただしこのうち3人については起訴取り下げとなった）。

自動車部品カルテル以外の事件も加えれば、反トラスト法違反の疑いで米当局に訴追されている日本人逃亡者は約50人に及ぶとみられる。

こうした人たちが機械的に米国に引き渡される可能性はない。ただし、米政府が引き渡しを要請し、日本側が応じれば、身柄は米国に移送され、禁錮刑を科される可能性が高い。その意味で、潜在的な収監予備組とも言える。

米国では政治的な人気取りのための犯罪取り締まり強化や、特に黒人に対する人種差別的な摘発、さらに「産獄複合体」とも呼ばれる刑務所ビジネスの拡大などを背景に、受刑者数が増大の一途をたどってきた。そうした状況は「大量投獄」と呼ばれている（社会派ドキュメンタリー映画『13th 憲法修正第13条』参照）。

反トラスト法に基づく米当局の取り締まり強化に伴い、日本人ビジネスマンにも大量投獄のリスクが顕在化しているのである。

これまでのところ、カルテル事件で米国に引き渡された日本人はいない。しかし、日本人以外では、米司法省反トラスト局は8人の逃亡者の引き渡しに成功している。

2020年に入って、引き渡しが相次いだ。まず1月、国際航空貨物運賃カルテル事件で起訴されていたオランダの貨物航空会社の女性幹部が、休暇で滞在中だったイタリアから米国に引き渡された。司法取引に応じ、1年2ヵ月の禁錮刑を言い渡された。

2月には、前述のように、自動車部品カルテル事件で初めて、引き渡しが行われた。ドイツの自動車部品大手コンチネンタルの韓国子会社の韓国人幹部社員だ。この幹部社員は2019年9月、ドイツ・フランクフルトで身柄を拘束され、20年2月28日、ドイツから米国に移送された。3月2日、禁錮9カ月（ドイツでの勾留期間は差し引かれる）と罰金13万ドルを言い渡された。

日本企業が関連した海外絡みの事件は少なくないが、自動車部品カルテル事件は、訴追された企業や個人の数の多さという点で、極めて特異だ。

1982年のIBM産業スパイ事件。日立製作所、三菱電機の社員ら計6人が、IBMの機密情報に関する産業スパイ行為を働いたとして米当局に逮捕された。この事件で起訴された個人は約20人に上った。ただ、実刑を受けた者はいない。自動車部品カルテル事件で訴追された個人はその3倍を上回る。しかも、30人以上がすでに収監されている。

IBM産業スパイ事件を含め、これまでに日本企業・日本人が関与した主要な国際経済事件では、関与した企業は1社単独か、せいぜい数社だ。自動車部品カルテル事件のように、大量の企業と個人が摘発された事例はなかった。

第2次クリントン政権下で司法省反トラスト局長を務めたジョエル・クラインは1999年10月14日、ニューヨークで講演し、カルテル取り締まりにおける国際協力の重要性を訴えた。演題は「国際カルテルとの戦い」（Joel I. Klein"The War Against International Cartels: Lessons From The Battlefront"）だった。

米経済と消費者を守るためという大義名分の下、相手が国内企業であろうと外国企業であろうと、個人であろうと、米当局は容赦しない。「国際カルテルとの戦い」で実弾は発射されない。しかし、米当局にとっては、リニエンシーと呼ばれる自主申告に基づく減免制度やおとり捜査といったツールを総動員した、重大犯罪との対決にほかならない。

企業に科される罰金の額は、近年、高額化が目立つ。これまで反トラスト法違反で日本企業に科された1社当たりの最高額は、矢崎総業の4億7000万ドル（2012年）だ。当時の為替レートは現在に比べて大幅に円高で、1ドル＝80円前後で推移していた。ただ80円で換算しても、罰金額は376億円に達する。現在のレートで支払うとなると、実に500億円前後に上る。

企業の場合、罰金や賠償金を支払うことによって、問題を処理することができる。個人の場合、カネでは済まされない。禁錮刑という、物理的な処罰が待っている。訴追された個人にとって選択肢は、①司法取引に応じて服役する②起訴されても日本国内にとどまり続ける③無罪を勝ち取るため裁判で争う――事実上この三つだ。究極の選択を突き付けられる。

米司法省に訴追された日本人ビジネスマンたちは、「悪人」なのだろうか。定義にもよるが、少なくとも、殺人犯や銀行強盗のような、誰が見ても凶悪な犯罪者と同一視するには無理がある。

それどころか、どこにでもいる、普通のサラリーマンなのだ。いやむしろ、世界をまたにかけて飛び回る優秀なビジネスマンである場合が多い。

彼らは、前任者から引き継いだ業務を忠実にこなす。その結果、ある日突然、米当局に摘発される。脇が甘かったのだ。企業にとっては、時間と経費をかけて育てた有能な人材を無駄死にさせるに等しい。それも1人や2人ではない。「死屍累々」という言葉すら浮かんでくる。

起訴された後、日本国内にこもっていても、米連邦捜査局（FBI）の捜査官がやって来て米国に連行されることはない。国外に出ない限り、当面、身の安全は保証される。日常生活を送り、働き続けることもできる。

しかし、米当局から見れば、そうした人たちは逃亡者にほかならない。即、国際指名手配リストに掲載される。米政府が身柄の引き渡しを日本政府に要請してくる可能性はいつまでも消えない。違法行為が悪質だと判断されれば、日本側も要請に応じる可能性がある。逃亡者の命運は、日米当局の胸先三寸に委ねられているのだ。

２０１７年以降、世界はトランプ政権の通商政策に振り回されている。ただ、日米間に限っては、１９８０年代をピークとする日米貿易摩擦時のような、ピリピリした緊張関係が再燃するには至っていない。円安・ドル高傾向が続いても、米当局から日本に是正を求める強硬な圧力はかかってこない。かつてに比べれば、日本企業による米現地生産は飛躍的に拡大している。日本企業は米国の雇用にも貢献している。米国側もこうした点をある程度理解しているようだ。日欧間、日中間など、その他の国・地域との間でも、大規模な経済問題は生じていない。韓国との間では、日本による半導体材料の輸出管理強化をめぐる問題など摩擦が生じているが、質的量的に、貿易戦争に擬せられるほど深刻な事態には発展していない。

海外との通商摩擦が沈静化しているのとは対照的に、日本企業や日本人ビジネスマンは、法務リスクという、新たな海外リスクに直面している。

企業は、違法行為に安易に関与してしまえば、汗水たらし、コスト削減努力の末に稼いだ利益が吹き飛んでしまうほどの金銭的ペナルティーを受ける恐れがある。米国の反トラスト法に違反した個人は、収監されるのがお決まりのコースだ。

法務リスクは米国に限らない。欧州など他の先進国・地域でも、競争法は厳格に執行されている。中国やインド、ブラジルなど新興国と呼ばれる国でも、法務リスクが浮上している。

グローバル化を背景に、法規制面でも国際的なハーモナイゼーション（調和）が進んでいるのだ。日本企業とその社員は、海外法務リスクという「今そこにある危機」に常にさらされるようになった。グローバル化に伴う、影の部分とも言える。

多数の企業が巨額の罰金を科せられ、多数の個人が米国の刑務所に収監されている。日本企業とその社員は、イージーターゲットになっている。グローバル化の恩恵を享受するためのコストと割り切ることはできないのではないか。

企業にとっても、個人にとっても、法令違反は命取りになりかねない。企業と個人が直面する苛烈な現実を直視することから、まず始める必要がある。

競争法に違反すると、いったいどのような事態に直面するのか。特に米国で、なぜ個人に実刑が科されるのか。日本人引き渡しの可能性はあるのか。主要な事例や当局者の発言を基に探ってみたい。

なお、日本などで独占禁止法、米国で反トラスト法、欧州ではＥＵ競争法と呼ばれるが、総称としては競争法、それをつかさどる当局を競争当局と呼ぶことにする。

法規や条約の名称は、基本的にメディアでの表記方法にならった（たとえば「逃亡犯罪人引渡法」ではなく「逃亡犯罪人引き渡し法」）。

米司法省の捜査対象の呼び方については、カーブアウトされた段階までを「被疑者」、略式起訴された（有罪答弁した）者もしくは正式起訴された者を「被告人」とした（潮見坂綜合法律事務所の渡邊肇弁護士のご教示に基づく）。

本文中の補足説明、言い換え、引用などは（　）、引用文中の補足説明には〔　〕を用いた。

第1章　「史上最大」のカルテル事件

ボンネットの中からタイヤまで徹底的に調べ上げるつもりだ。
エリック・ホルダー米司法長官、２０１３年9月26日の記者会見

一斉立ち入り

２０１０年2月、日米欧など各国・地域の競争当局が、主要な自動車部品であるワイヤーハーネスのメーカー各社に立ち入り検査を実施した。日本では2月24日午前11時すぎ、メディアの速報が流れた。時事通信社は次のように伝えている。

「大手自動車メーカー向けの車内用電線をめぐりカルテルを結んでいたとして、公正取引委員会は、独禁法違反の疑いで、矢崎総業、古河電気工業、住友電気工業の本社や事業所など二

十数カ所を立ち入り検査した」

ワイヤーハーネスは、電線や情報回路を束ねた形状をしており、「自動車の神経・血管に相当する」（矢崎総業）ものだ。「自動車用組電線」とも呼ばれる。矢崎総業のホームページでは、次のように説明されている。

「近年の自動車は、走る、曲がる、止まるといった基本性能だけでなく、安全性や利便性を確保するための各種機能を実現するために、数多くの電気・電子機器が使用されています。ワイヤーハーネスはこれら電気・電子機器を確実に『つなぐ』役割を担い、電源を供給し、信号を伝送します」

矢崎総業、古河電工、住友電工3社のワイヤーハーネスの納入先は、トヨタ自動車やホンダ、日産自動車など大手自動車メーカーだった。国内市場規模は年間4000億円以上とされた。3社のシェアは、合わせて9割以上に上った。

3社は2003年ごろから、既存の車種のモデルチェンジの際、旧モデルへの供給元が基本的に引き続き受注するといったルールに基づき、自動車メーカーごとの担当者が話し合いで受注を調整していた。

2月24日早朝（現地時間）、欧州連合（EU）の執行機関で、競争政策も司る欧州委員会も、ワイヤーハーネスをめぐるカルテルの疑いで数社を対象に立ち入り検査を実施した。欧州委員会は翌25日に出したプレスリリースで、「欧州委員会の調査は世界のいくつかの競争当局と協調して実施されている」と認めた。この時点で、日本国内だけにとどまらない、国際カルテル事件であることが明らかになった。

欧州委員会は通常、立ち入り検査の段階では対象企業名を公表しない。ただ現地での報道によると、ドイツの自動車部品メーカー、レオニが立ち入り検査を受けたことを認めた。矢崎総業も25日、欧州子会社の矢崎ヨーロッパが欧州委員会などの立ち入り検査を受けたことをプレスリリースで明らかにした。

激震はさらに続く。日本時間25日午前9時すぎ、米国でも、連邦捜査局（ＦＢＩ）が、日系自動車部品メーカー3社を立ち入り検査した、というニュースが流れたのである。

ＦＢＩデトロイト支局の立ち入り検査は、現地時間23日の夕方（日本時間24日午前）、セ氏0度を下回ろうかという寒空の下で実施された。捜査官が立ち入ったのは、デンソー、矢崎総業、東海理化3社の現地法人事務所。米司法省は翌24日付のプレスリリースで、「〔司法省〕反トラスト局は反競争的なカルテル行為の可能性について調査している」と説明。ＦＢＩも声明で、「われわれは欧州委員会など他の海外競争当局と協力している」と明らかにした。

米国では、カルテル行為は刑事事件として扱われる。捜査は司法省反トラスト局の検察官とＦＢＩの捜査官が行う。「日本の制度でたとえれば、公取委が関与せず、最初から検察庁と警視庁が捜査するようなイメージ」（入江源太・松嶋隆弘編著『カルテル規制とリニエンシー――課徴金減免制度の考察と活用』）だ。

こうして、日本では24日の昼前、欧州では24日朝、米国では23日夕方、ほぼ同じタイミングで立ち入り検査が行われたのだった。

各国当局が協力して一斉に立ち入り検査を実施する場合、調査に先鞭をつけたり、主導的な役割を果たしたりする当局が最も好都合な時間帯を選べることが多い。日本の立ち入りは昼前で、まとまった数の職員を動員しやすい時間帯だった。自動車部品カルテル事件の本格的な調査は、日本主導で着手されたことを物語っている。

メディアも混乱

日米両国では当時、トヨタ自動車の急加速問題が関心を集めていた。トヨタは米国で厳しく糾弾され、窮地に立たされていた。

この問題は、アクセルペダルがフロアマットに引っ掛かり、急加速が起きる不具合をめぐるものだ。トヨタは苦情を受け、２００７年に「カムリ」と「レクサスＥＳ３５０」の2車種合計約5万５０００台のリコール（回収・無償修理）を実施。2年後の２００９年にも、同様の不具合で約380万台をリコールすると発表した。

2007年時点で適切に対応していれば、2009年の大規模リコールを回避できたのではないかと批判されていた。2009年8月には、カリフォルニア州で「レクサスES350」が暴走し、一家4人が死亡する事故も起きた。

一連の問題を受け、米議会は2010年2月23日から公聴会を開催した。初日の23日は米国トヨタ自動車販売のジム・レンツ社長、2日目の24日には、本社の豊田章男社長が長時間、証言台に立たされ、厳しい質問を浴びた。

FBIによる日系自動車部品メーカー3社の立ち入り検査が行われたのは、ちょうど同じタイミングだった。

立ち入りの対象となった各社は、メディアからの問い合わせに対し、トヨタ車の急加速問題とは関係はないと説明。米司法省も、立ち入りは自動車部品をめぐるカルテルの疑いについて調査するためだと明言した。

それでもメディアは、トヨタ車の急加速問題とどこかでつながっているのではないかと、しばらくの間、疑っていた。26日付の『読売新聞』（朝刊）は、「デンソーの現地子会社は『トヨタの問題とは関係ない』としているが、公聴会開催にあわせた捜索は憶測を呼んでいる」と報じている。

当時、筆者は欧州委員会本部が置かれているブリュッセルに時事通信社の特派員として駐在していた。日本企業が関与する国際カルテル事件については、２００７年のガス絶縁開閉装置事件、２００８年の自動車用ガラス事件など、欧州でも巨額の制裁金を科される事例を目にしていたので、ワイヤーハーネスをめぐる立ち入り検査も、特に目新しさは感じられなかった。

正直なところ、ワイヤーハーネス事件が他の自動車部品にも飛び火し、「史上最大」(米司法省)の国際カルテル事件に発展するとは、まったく予想していなかった。

罰金第1号

立ち入り検査が報じられた後、自動車部品をめぐる国際カルテル事件関連の動きは、しばらく鳴りを潜めた。新たな展開があったのは、日本でだった。２０１１年6月末までに、公正取引委員会が、ワイヤーハーネス・カルテル事件で矢崎総業、住友電気工業、フジクラの3社に総額１２０億円超の課徴金を賦課する方針を固めたのだ。

公取委はさらに7月20日、オルタネーター、スターター、ラジエーター、電動ファンの自動車部品4品目のカルテルの疑いを調べるため、新たに7社に立ち入った。デンソー、三菱電機、日立オートモティブシステムズ、ミツバ、カルソニックカンセイ(現マレリ)、アスモ、ティラドの、いずれも日本企業が対象だった。

ワイヤーハーネスが自動車部品カルテル事件の摘発で第1弾とすると、これら4品目の調査は第2弾ということになる。

同じころ、公取委は、工場やビルなどの屋内配線用電線であるVVFケーブルについて、日本のメーカー9社に総額約62億円の課徴金支払いを命じるとともに、8社に排除命令を出した。7月22日のことだ。

その2ヵ月後の9月29日、今度は米司法省が、古河電気工業がワイヤーハーネス・カルテルで有罪を認め、2億ドルの罰金を支払うことに同意したと発表した。同時に、同社の幹部社員3人も有罪を認め、「それぞれ1年と1日、15ヵ月、18ヵ月の禁錮刑」を受け入れることに同意したことを明らかにした。

米司法省反トラスト局はプレスリリースで、「自動車部品業界の価格調整・入札をめぐり継続している国際カルテル調査における、反トラスト局として初めての摘発事案である」と説明した。

反トラスト局長代行（当時）のシャリス・ポーゼンは、「今回の国際的な価格調整および入札不正の結果、自動車メーカーは米消費者に販売する車の部品について、非競争的かつ割高な金額を支払っていた」と指摘。「今回のカルテルはわが国経済における重要産業を害した。反トラスト局とFBIはこうした謀議を根絶すべく、引き続き協力する」と宣言した。

古河電工は、「適用法令、事実関係等を総合的に勘案した結果、米国司法省との間で司法取引契約を締結することと致しました」とするプレスリリースを発表した。同社は2億ドルの罰金支払いのため、152億9600万円を特別損失として計上した。

司法取引

米司法省に摘発された他の自動車部品メーカー各社も、古河電工に続いて司法取引を受け入れていった。司法取引とは、刑事事件で被疑者・被告人側と検察側が交渉し、被疑者・被告人側がより軽い罪や一部の訴因について有罪を認める見返りに、検察側は起訴を一部取り下げるなどして事件を決着させる手続きだ。

日本でも2018年6月、日本版司法取引制度（協議・合意制度）が導入された。日本版司法取引は捜査・公判協力型と呼ばれ、被疑者・被告が他人の犯罪を明らかにすることで、検察官との間で、自身の求刑の軽減や起訴猶予などで合意する仕組みだ。日産自動車のカルロス・ゴーン前会長が逮捕された事件で、大きな役割を果たしたとされる。

本家米国の司法取引は捜査・公判協力型に加えて、犯罪を自白することで自分の刑を軽くし

1－1図　米カルテル捜査の流れ

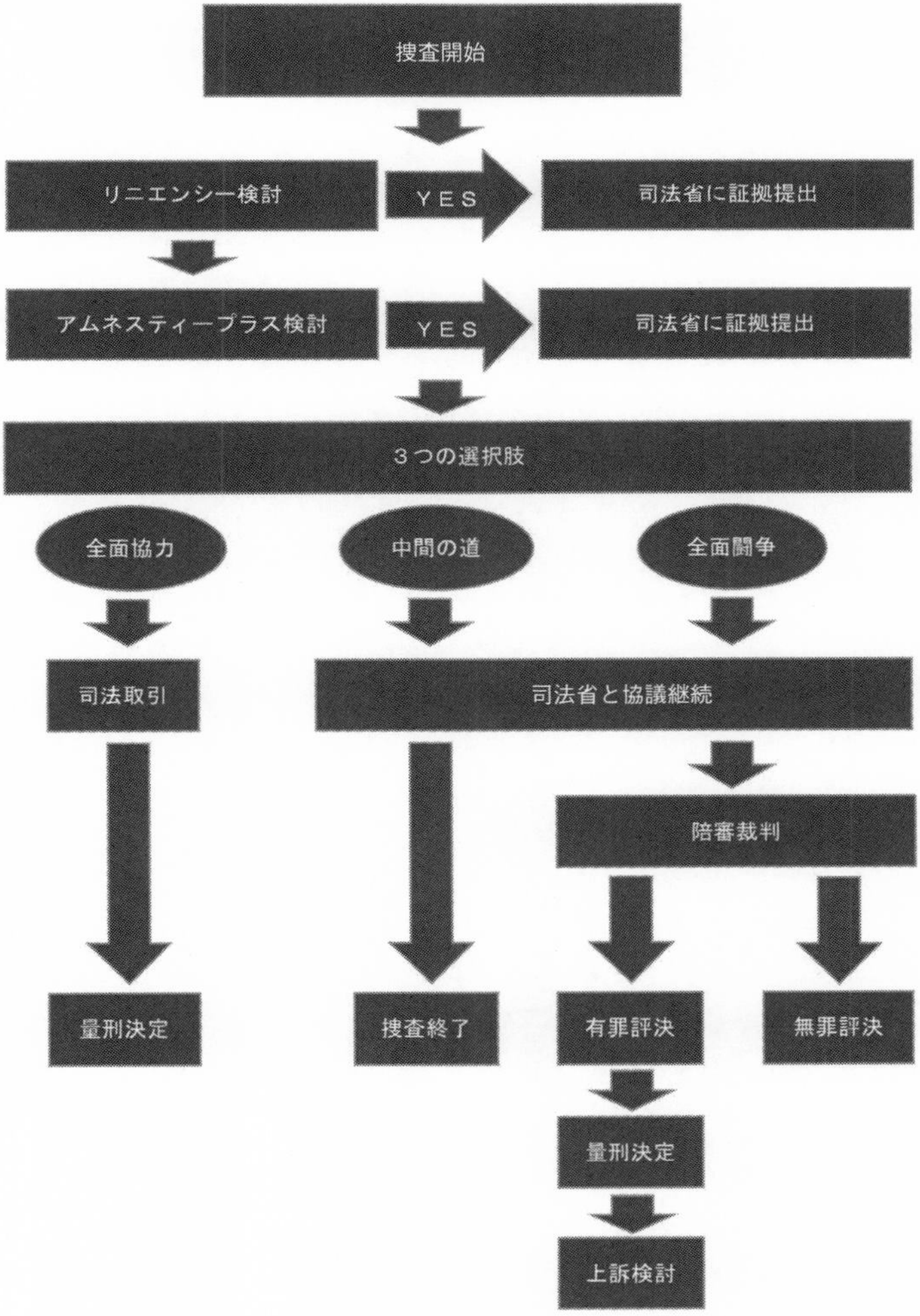

入江源太・松嶋隆弘編著『カルテル規制とリニエンシー』などに基づき作成

てもらう自己負罪型もある。答弁取引とも呼ばれる。法廷でのトライアル（事実審理）を省略することによって時間と費用を節約できることから、米国では刑事事件の9割以上が司法取引で解決される。正式な裁判に持ち込まれるのは1割に満たない。

米国の場合、カルテル事件で罰金額が日本円で100億円を超えることは珍しくない。これまでに1億ドルを超える罰金を科された日本企業は12社に及ぶ。量刑をできる限り軽減してもらう努力は、それなりに報われるのだ。

裁判で言い渡される量刑については、企業も個人も、米量刑ガイドライン委員会が制定した連邦量刑ガイドラインに基づき、事前に推定できる。このため一種の「相場観」が形成されている。

渡邊肇『米国反トラスト法執行の実務と対策〔第2版〕』によると、「反トラスト法違反事件において裁判所が量刑を下す際もまた、量刑ガイドラインは当然参考にされているし、司法省との間で司法取引をする場合に合意される量刑もまた、このガイドラインの範囲内であることが当然の前提とされている」。

自動車部品カルテル事件に関与した日本企業のほとんどが司法取引に応じているのは、裁判で争って有罪となった場合に比べ、量刑が軽いものにとどまることが推定できるからだ。

同志社大学法科大学院教授のコリン・P・A・ジョーンズによれば、「アメリカの陪審員は、原則として事実認定や有罪・非有罪〔無罪〕を決めるだけで、量刑には参加しない。したがって、明らかに有罪であるのにわざわざ裁判をさせた被告に対して、裁判官が刑を厳しく定めることも予想できる」（コリン・P・A・ジョーンズ『手ごわい頭脳　アメリカン弁護士の思考法』）という。

ジョーンズ教授は、「というわけで、クロの被告にとっては、司法取引をした方が得である場合が少なくない」と解説している。

日本企業の経営者は、裁判で負けてペナルティーが想定を上回るリスクを回避したがる。責任を負いたくないからだ。そのため、「たとえば1億ドルの罰金が言い渡される公算が大きいときに、米司法省との交渉で、罰金5000万ドルで司法取引をしないかと持ち掛けられた場合、日本企業は喜んで受け入れてしまう傾向がある」（米法律専門家）という。

カルテル事件の場合、管轄するのは米司法省反トラスト局だ。反トラスト局所属のスタッフは全員、法曹資格を持っており、検察官だ。司法取引を選択した企業やその社員は、反トラスト局の検察官との間で、起訴事実について、裁判で有罪答弁することで合意しなければならない。

それは、法廷で争って無罪を勝ち取るチャンスを完全に放棄することを意味する。言い換えれば、確実に有罪になる。また、共犯者の行為などについて検察側に有利な証言をするなど、捜査や公判で協力することを義務付けられる。

さらに、上訴（連邦控訴裁判所への控訴、連邦最高裁判所への上告など、上級審への不服申し立ての総称）する権利も放棄させられる。

企業や個人にとって、起訴の一部が取り下げられるとはいえ、米司法省への協力は多大な負担を強いられる。デンソーが2012年1月に米司法省との間で締結した司法取引では、次のような協力義務が課せられた。

【企業】

＊司法省が要求するすべての資料の提出（日本語の場合、英語に翻訳）

＊司法省が求める証人の協力（事情聴取、証言）を保証する（米国に渡航の場合、費用は企業負担）

【個人】

＊司法省が求める資料の提出

＊米国や他の場所での事情聴取

＊司法省の問い合わせに完全かつ誠実に回答

＊司法省に求められていない資料・情報も自主的に提供

＊司法省の求めがあれば陪審裁判などで政府側の証人として証言

『米国反トラスト法執行の実務と対策〔第2版〕』によると、協力の内容や程度について司法省と交渉する余地はほとんどない。司法省の言いなりだ。協力は当該事案の調査が終結するまで続く。その期間は「少なくとも数年、場合によっては10年以上継続することもある」という。

こうした広範かつ長期的な捜査協力には、多大な労力が必要となる。会社が情報収集のために担当社員を張り付けたり、社員を証人として米国に出張させたり、日本語資料を英語に翻訳したりする費用は、すべて企業が負担しなければならない。

日本企業最大の罰金

2011年9月に古河電工が米司法省との間で司法取引を結んだ後、さまざまな分野のカルテル事件で日本企業の摘発が相次いだ。

9月15日　米司法省はブリヂストンがタンカーから貯蔵施設に石油を送るマリンホースのカルテル事件で司法取引に応じたと発表した。同社は海外腐敗行為防止法（FCPA）違反も含めて合計2800万ドルの罰金支払いに同意した。

9月28日　米司法省は国際航空貨物運賃をめぐるカルテル事件で日本通運、近鉄エクスプレスなど日本企業6社が有罪を認め、総額4680万ドルの罰金を支払う司法取引に同意したと発表した。29日、商船三井ロジスティクスも司法取引を結び、184万ドルの罰金支払いを受け入れたと追加発表された。

9月30日　米司法省は日立製作所と韓国のLG電子の合弁会社である日立LGデータストレージが、光ディスクドライブ・カルテル事件で罪を認め、罰金合計2110万ドルを支払う司法取引に同意したと発表した。

これらの企業に科された罰金額を比較すると、ワイヤーハーネス・カルテルで古河電工1社に科された2億ドルが群を抜いている。しかし、この時点ではまだ、自動車部品カルテル事件が他のカルテル事件と比べて著しく目立っていたわけではなかった。

自動車部品カルテル事件の持つマグニチュードの大きさが鮮明になったのは、年が明けてからだった。

2012年1月19日、公正取引委員会は予告通り、ワイヤーハーネスのカルテルで独占禁止法違反（不当な取引制限）を犯したとして、矢崎総業、フジクラ、住友電工の3社に総額約128億円の課徴金納付を命じた。

中でも矢崎総業への課徴金は約96億円と、当時、1社に対する課徴金として過去最高額だった。[1]矢崎総業とフジクラには排除措置命令も出された。

古河電工もカルテルに参加していたが、公正取引委員会の調査前に課徴金減免制度に基づいて違反を自主申告したため、課徴金は100％免除された。

矢崎総業に対するペナルティーは、日本だけにとどまらなかった。1月30日、米司法省は、矢崎総業、デンソーの両社がワイヤーハーネスをめぐるカルテルで有罪を認め、総額5億4800万ドルの罰金を支払う司法取引に応じたと発表した。

矢崎総業に対する罰金は4億7000万ドル。カルテル事件で日本企業に科された罰金として、現在に至るまで最高額だ。当時の為替レートで換算すると、約360億円。日本企業がこれまでに国際カルテル事件で科された金銭的ペナルティーの中でも、この額は最高額だ。

矢崎総業はプレスリリースを発表し、「本件は、公正取引委員会ならびに欧州委員会とほぼ同時に調査が開始されたものであり、このような結果に至ったことを極めて厳粛に受け止めております」と反省の弁を述べた（矢崎総業は2013年7月、ワイヤーハーネス・カルテルで欧州委員会からも約1億2500万ユーロの制裁金を科された）。

同社は2012年度6月期決算で罰金相当額を特別損失として計上。責任を取って代表取締役会長の矢崎裕彦と代表取締役社長の矢崎信二がそれぞれ役員報酬を3ヵ月間、50％返上すると表明した。また、「関係者については社内懲戒規定に従い厳正な処分を行」う方針を示した。

自動車部品業界には激震が走った。2012年5月、日本自動車部品工業会の新会長に就任した玉村和己（日本発条社長）は記者会見で、日米欧などで自動車部品メーカーの摘発が相次いでいることについて聞かれ、「厳しい質問。これは日本の自動車産業や部品工業会などで無く、あくまでも個々の企業の問題」と答えた。その上で、「部工会の会長ではあるが、自分の会社で考えると、どうして起こっているのか、（中略）私は当事者で無いので答えることはできない」[2]と、歯切れは悪かった。

「ボンネットの中からタイヤまで」

矢崎総業に対する巨額罰金で日本企業を震え上がらせた米司法省反トラスト局は、その後も、自動車部品カルテルに関与した企業とその社員を矢継ぎ早に摘発していった。

2012年には、ほぼ毎月のように自動車部品カルテル事件関連の処分が発表された。ジーエスエレテック（対象製品はABS用車輪速度センサー）、フジクラ（ワイヤーハーネス）、オートリブ（シートベルト、エアバッグ）、日本精機（自動車用計器）、東海理化（カーエアコン部品）の各社が、カルテルに関与した容疑を認めて司法取引に応じ、罰金を科された。

2013年は、夏までは比較的平穏だった。しかしそれは、嵐の前の静けさだった。

各国・地域競争当局による一斉立ち入り検査から3年半が経過した同年9月26日、米司法省は、自動車部品メーカー9社が30種類を超える自動車部品の価格を調整するなどカルテル行為を働いたことを認め、罰金を支払う司法取引に同意したと発表した。罰金額は9社合計で7億4000万ドル（当時のレート換算で約730億円）に上った。

9社は日立オートモティブシステムズ、ジェイテクト、ミツバ、三菱電機、三菱重工業、日本精工、ティラド、ヴァレオジャパン、山下ゴムの各社。8社までが日本企業だった。ヴァレオジャパンもフランス企業の日本法人で、実質的にすべて日本企業によるカルテルだった。

同時に、幹部社員2人との司法取引も発表された。1人は東洋ゴム工業（現TOYO TIRE）の幹部。もう1人は米国人だが、タカタの元幹部で、いずれも日本企業の社員だった。東洋ゴムの幹部は2万ドルの罰金と1年と1日の禁錮刑、タカタの元幹部は2万ドルの罰金と1年2ヵ月の禁錮刑に同意した。

問題の部品は、ホンダ、マツダ、三菱自動車、日産自動車、トヨタ自動車、富士重工業の米国子会社のほか、クライスラー、フォード・モーター、ゼネラル・モーターズ（GM）に納入されていた。

司法長官エリック・ホルダーはワシントンの司法省で記者会見を開き、「今回の国際カルテルによって米国の自動車メーカー〔日本メーカーの現地生産分も含む〕に販売された部品総額50億ドル以上が影響を受け、そうした違法行為によって米国の消費者が購入した2500万台以上の乗用車が影響を受けた」と、声明を読み上げた。

１－２図　共謀が行われた自動車部品

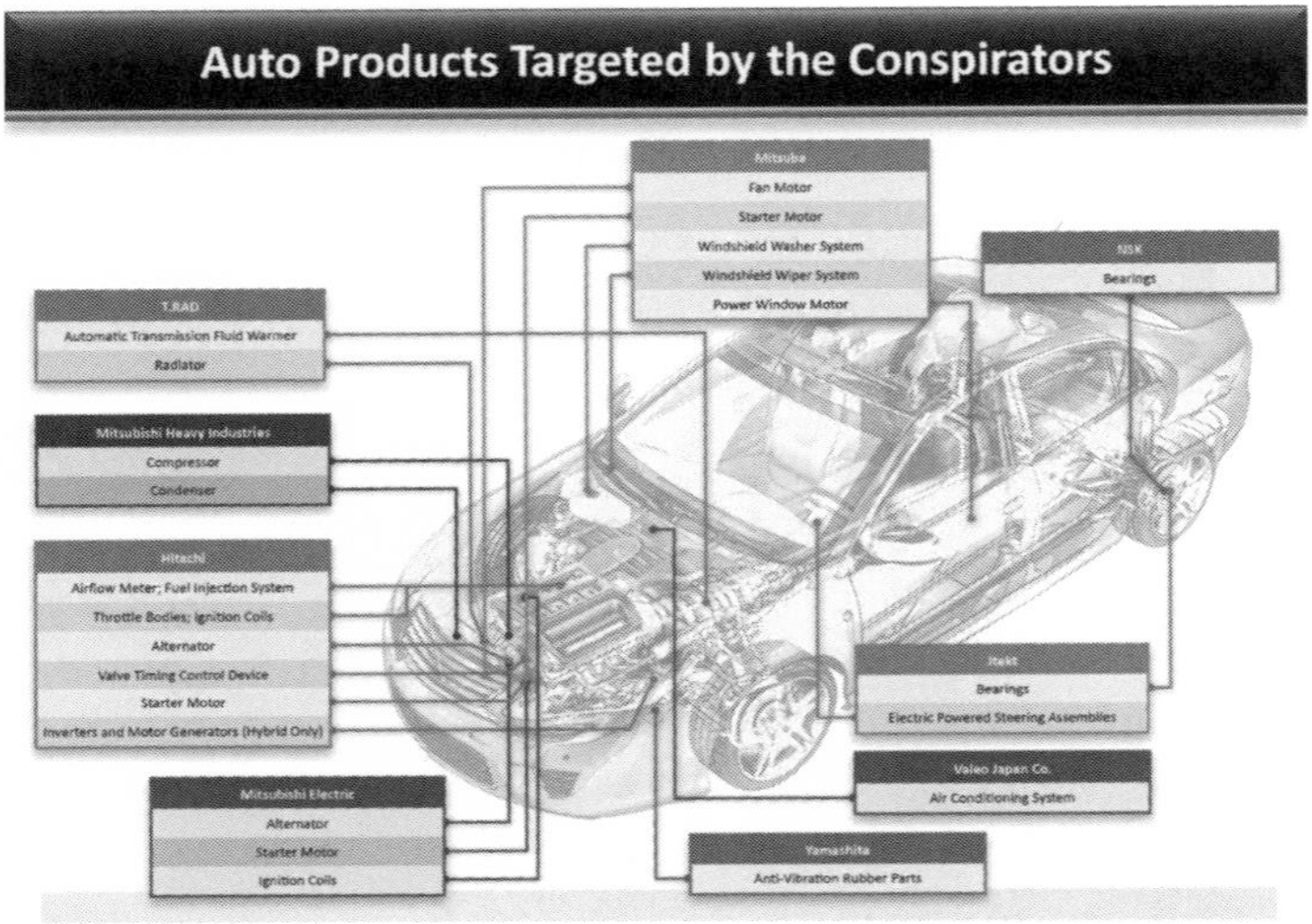

米司法省のサイトより
https://www.justice.gov/sites/default/files/atr/legacy/2013/09/27/300969a.pdf

２０１３年全体の米国での新車販売台数約１５６０万台と比較しても、影響の度合いの大きさが分かる。

米司法省は、自動車部品メーカーが共謀して自動車本体の価格を押し上げ、米国の消費者が損害を被ったという図式を強調した。自動車部品カルテル事件で、米司法省最大の見せ場となった。

経済事件であるカルテル事件をめぐる発表で、米司法省が記者会見をわざわざ開くのは異例だ。通常はプレスリリースで済ませる。まして、トップの司法長官が自ら記者会見に臨むことはめったにない。その意味で、自動車部品カルテル事件の摘発に司法省が威信をかけていることが示された場面だった。９社分まとめて発表したのは、企業の数もさることながら、罰金額も合わせれば大きくなるため、成果を強調できるからだ。

ホルダー長官は記者会見で、実質的に日本企業で占められる自動車部品カルテル事件について、反トラスト局が扱った「史上最大の刑事事案」だと強調した。その上で、「われわれは引き続きボンネットの中からタイヤまで徹底的に調べ上げ、こうした違法かつ破壊的な行為を確実に終わらせるつもりだ」と宣言した。

日本自動車工業会によると、自動車部品は大小含めて「2万〜3万点」に上る。すべての部品を調査するのは事実上不可能だが、主要なものについてはカルテルの疑いを徹底的に調査し、違反が見つかれば厳罰を科す姿勢を改めて鮮明にしたのだった。

記者会見場には、自動車の内部構造が描かれたパネル（1－2図）が据えられた。9社の社名と、不正行為の対象となった部品名が図示されていた。ホルダー長官はパネルを使いながら、カルテルの内容を説明した。

「企業幹部らは米国や日本で直接会ったり、電話で話し合ったりして、入札額や価格の操作、米自動車メーカー向け部品供給の割り当てについて共謀したとされる。こうした違法行為を隠すため、コードネームが使われ、会合は遠隔地で開かれた」

事件の全容

米司法省によると、これまでに自動車部品カルテル事件で摘発された企業は46社（日立オートモティブシステムズは2件）に及ぶ。このうち45社までが司法取引に応じ、罰金を支払った。1社は裁判を選択した結果、無罪を勝ち取った。司法取引に応じた45社が支払った罰金額は29億2240万ドルに上る。

この中で外国企業はスウェーデンのオートリブ（日本子会社も関与）、米TRWのドイツ子会社（現在ドイツ企業ZFフリードリヒスハーフェン）、ドイツのコンチネンタルの韓国子会社コンチネンタル・オートモーティブ・エレクトロニクス、ドイツのロバート・ボッシュ、同じくドイツのキーケルトの5社。ヴァレオジャパン、コーニングジャパン両社の親会社はそれぞれフランス、米国の企業だが、米司法省が処罰したのは日本法人なので、実質日本企業と言える。

こうして見ると、摘発された企業のほぼ9割が日本企業ということになる。

個人は、合計66人が摘発された。内訳は、タカタの社員1人が米国人、独コンチネンタルの韓国子会社の社員1人が韓国人、残りはすべて日本人だ。このうち32人が司法取引に応じ、米国の連邦刑務所で服役した。刑期は最短で1年と1日、最長は2年だ。

1－3表　自動車部品カルテル事件の全容（米国）

	企業			個人		
	社名	発表時期	罰金（ドル）	禁錮刑	起訴	計(人)
1	古河電気工業	2011.9.29	2億	3		3
2	矢崎総業	2012.1.30	4億7000万	6		6
3	デンソー	2012.3.5	7800万	6		6
4	ジーエスエレテック	2012.4.3	275万	1		1
5	フジクラ	2012.4.23	2000万		2	2
6	オートリブ（スウェーデン）	2012.6.6	1450万	1		1
7	米ＴＲＷの独子会社（現独ＺＦ）	2012.7.30	510万			
8	日本精機	2012.8.28	100万			
9	東海理化	2012.10.30	1770万		1	1
10	ダイヤモンド電機	2013.7.16	1900万	2		2
11	パナソニックオートモーティブシステムズ	2013.7.18	4580万		1	1
12	日立オートモティブシステムズ	2013.9.26	1億9500万	1	3	4
13	ジェイテクト	2013.9.26	1億327万		1	1
14	ミツバ	2013.9.26	1億3500万	1	2	3
15	三菱電機	2013.9.26	1億9000万		3	3
16	三菱重工業	2013.9.26	1450万			
17	日本精工（ＮＳＫ）	2013.9.26	6820万		1	1
18	ティラド	2013.9.26	1375万	1	1	2
19	ヴァレオジャパン	2013.9.26	1360万			
20	山下ゴム	2013.9.26	1100万	1		1
21	タカタ	2013.10.9	7130万	4	2	6
22	東洋ゴム工業	2013.11.26	1億2000万	1	2	3
23	スタンレー電気	2013.11.27	144万			
24	小糸製作所	2014.1.16	5660万			
25	愛三工業	2014.2.3	686万			
26	ブリヂストン	2014.2.13	4億2500万	1	3	4
27	ショーワ	2014.4.23	1990万		1	1
28	日本特殊陶業	2014.8.19	5210万		2	2
29	豊田合成	2014.9.29	2600万	1		1
30	日立金属	2014.10.31	125万			
31	アイシン精機	2014.11.13	3580万			
32	独コンチネンタルの韓国子会社	2014.11.24	400万	1		1
33	サンデンホールディングス	2015.1.27	320万			
34	ボッシュ（独）	2015.3.31	5780万			
35	山田製作所	2015.4.28	250万			
36	日本ガイシ	2015.9.3	6530万			
37	カヤバ工業（現ＫＹＢ）	2015.9.16	6200万			
38	イノアックコーポレーション	2015.11.19	235万			
39	オムロン	2016.3.17	455万			
40	コーニングジャパン	2016.5.16	6650万		1	1
41	西川ゴム工業	2016.7.20	1億3000万	2	2	4
42	日立オートモティブシステムズ	2016.8.9	5548万			
43	アルファ	2016.9.15	900万			
44	臼井国際産業	2016.11.8	720万			
45	キーケルト（独）	2017.3.7	610万			
46	東海興業	2017.11.29	－		1	1
47	マルヤス工業	2018.5.31	1200万		1	1
	合計		29億2240万	33	30	63

コンチネンタルの韓国子会社の韓国人社員は2020年2月、ドイツから米国に引き渡され、3月、禁錮9カ月の判決を言い渡された。

米国での服役を拒否した残り33人のうち、3人については2018年5月に起訴取り下げとなった。その結果、30人が起訴状態のままだ。起訴されたにもかかわらず米国の裁判所に出頭していないため、逃亡者として扱われている。日本国内にとどまっているとみられるが、おそらくほぼ自動的に国際指名手配されている。

自動車部品カルテル事件までは、カルテル事件で米国の刑務所に収監された日本人はダイセルの社員（ソルビン酸カルテル事件、禁錮3ヵ月）と、ブリヂストンの社員（マリンホース・カルテル事件、禁錮2年）の2人だけだった。自動車部品カルテル事件を境に、日本人ビジネスマンが米刑務所で服役するのは珍しいことではなくなった。

日本の公正取引委員会もカルテルに対する厳罰姿勢を強めているが、個人に実刑が科されたケースはこれまでゼロだ。方や、米国では自動車部品カルテル事件だけでも日本人が31人収監され、さらに30人は起訴された状態が続いている。起訴状態にある30人についても、今後司法取引に応じるか、強制的に米国に引き渡されるかすれば、米国の刑務所送りになり得るのである。

自動車市場は巨大だ。日本自動車工業会によると、2018年の世界の乗用車生産台数は約

１－４表　自動車部品カルテルをめぐる各国・地域当局による金銭的ペナルティー（対企業）

2019 年 8 月 1 日現在

各国・地域当局	現地通貨	換算レート	日本円
日本（公正取引委員会）	344 億 2500 万円		344 億 2500 万円
米国（司法省反トラスト局）	29 億 2240 万ドル	1 ドル＝ 102.82 円	約 3004 億 8100 万円
EU（欧州委員会）	17 億 8299 万ユーロ	1 ユーロ＝ 124.38 円	約 2217 億 6800 万円
カナダ（産業省競争局）	8480 万カナダドル	1 カナダドル＝ 86.92 円	約 73 億 7100 万円
中国（発展改革委員会）	12 億 3540 万元	1 人民元＝ 15.91 円	約 196 億 5500 万円
韓国（公正取引委員会）	約 75 億ウォン	1 ウォン＝ 0.092 円	約 6 億 9000 万円
シンガポール（競争委員会）	約 930 万シンガポールドル	1 シンガポールドル＝ 77.75 円	約 7 億 2300 万円
オーストラリア（連邦裁判所）	約 4600 万豪ドル	1 豪ドル＝ 85.86 円	約 39 億 5000 万円
南アフリカ（競争委員会）	約 1 億 5612 万ランド	1 ランド＝ 9.14 円	約 14 億 2700 万円
合計			約 5904 億 9000 万円

為替レートは三菱 UFJ 銀行の対顧客レート（TTM）。2011 ～ 2019 年の「年間平均」（2019 年は 1 ～ 7 月の平均）の平均値

７０５７万台。トラック・バスを含めた四輪車生産台数は約９５７１万台と、１億台に迫ろうとしている。販売台数の伸びは先進国・地域では緩やかになりつつあるが、新興国や開発途上国ではこれからも成長が期待できる。

自工会の集計では、２０１７年の自動車製造業（二輪車、車体・付随車、部分品・付属品を含む）の製造品出荷額等は前年比５・１％増の60兆６９９９億円に達した。自動車製造業が全製造業の製造品出荷額等に占める割合は19・０％、機械工業全体

に占める割合は41・2％に達した。自工会は、自動車産業は「日本の経済を支える基幹産業のひとつとして重要な地位を占めてい」ると自賛している。

そうした自動車産業の一翼を担う部品業界だが、法令違反を犯せば重いペナルティーを科されるリスクを抱える。各国・地域が競争法を導入し、カルテルに関しては厳罰化の方向で歩調を合わせている。こうした流れを背景に、自動車部品カルテル事件は日米欧にとどまらず、世界的な広がりを持つに至った。

２０１９年8月1日時点の自動車部品カルテルに対する各国・地域当局による金銭的ペナルティーは、１－４表の通りだ。

各通貨の日本円への換算レートは、自動車部品カルテル事件に対する当局による処分が本格化し始めた２０１１年から２０１９年までの「年間平均」を、さらに平均した値を採用した。いつの時点の為替レートで換算するかによって額は大幅にぶれる可能性があるため、その影響をならすためだ。日本円で合計すると、総額は約５９０４億９０００万円に達する。

なぜ日本企業が？

米自動車業界誌『オートモーティブ・ニュース』が集計した、２０１７年の売上高に基づく自動車部品メーカー100社番付によると、日本のメーカーは26社がランク入りしている。欧州系メーカーが32社、北米（メキシコ含む）系メーカーは28社という内訳だ。日本、欧州、北米のメーカーが3大勢力だ。

ところが、米司法省によって摘発された一連の自動車部品カルテル事件では、日本企業が9割を占めている。残りは欧州系メーカーなど数社が対象になっているにすぎない。自動車部品カルテル事件においては、日本企業が異常な突出ぶりを示しているのだ。

専修大学非常勤講師の北博行（元ブリヂストン法務室長）は、その背景について次のように説明する。

「日本の自動車メーカーは1960年代から70年代にかけて、完成車を輸出していた。80年代になると、輸出に加えて、現地生産を始めた。米国でも完成車メーカーの現地生産に伴い、部品メーカーも現地生産を開始。米国に進出した部品メーカーは1989年に約130社だったのが、2012年末時点では約270社へと倍増した」[3]

北は、「完成車メーカーと部品メーカーの支配従属関係もそのままの形で米国に持ち込まれた」と分析する。その上で、「日本では和をもって尊しとされる。米国では自主独立と個の尊重が基本。正直が奨励される。日本企業はカルチャーを変えることができなかったのではないか」と推察している。

米シンクタンク、ハドソン研究所のシニアフェロー、磯村順二郎は、カルテル事件で日本人の摘発が相次いでいる背景には、日本人の特性が影響していると指摘している。「海外で学生であれ、会社員であれ、日本人同士がつるむのは日常茶飯事である。日本人は基本的に孤独に耐えられないようだ。仲間外れになることに恐怖を感じ、違法な会合にも加わらざるを得ないこともあるのだろう。しかし、それだけで罪に問われる可能性があるのだ[4]」

第1次ゴーン・ショック

1999年10月、フランスの自動車大手ルノーの副社長カルロス・ゴーンが日産自動車の最高執行責任者（COO）に就任、「日産リバイバルプラン」を発表した。リバイバルプランは①利益ある成長②3年間で20%のコスト削減③最適生産効率、最適コストの達成――の3本柱から成っていた。

「コストカッター」「コストキラー」などの異名をとるゴーンは、20%のコスト削減目標に向け、日産とルノーが部品の共同購入を進め、取引する部品メーカー数を4割、部品の購入コストを2割削減する改革を断行した。

その影響力の大きさから「ゴーン・ショック」とも呼ばれた一連の改革によって、日産は倒産寸前の状態から息を吹き返した。しかし、それまで取引関係にあった部品メーカーにとっては、「系列破壊」にほかならなかった。

日産と付き合いのあった部品メーカーは、多少割高でも製品を日産に納入できていた。が、ゴーン・ショック後は、厳しい競争にさらされることになった。日産は保有する下請け企業の株式も次々に売却し、資本の面でも関係を断ち切っていった。

日産にならい、トヨタやホンダも、北米を中心に部品調達をオープンな入札にシフトしていった。その結果、2000年代初め以降、系列を越えた取引が拡大し、部品業界の競争は激化した。

渥美坂井法律事務所の弁護士、山島達夫は、自動車部品カルテル事件の背景について、法律家の立場から次のように解説している。

「日本の自動車産業では、系列システムの下で各サプライヤー〔自動車部品メーカー〕の商圏が守られてきたところ、自動車メーカーにおけるコスト削減の動きに呼応し、コンペ〔見積もり合わせ〕導入等により各サプライヤーの商圏が競争の波に晒されはじめるとともに、サプライヤーに対する値引き要請圧力がより一層強まった。自動車部品事件における違反行為の数々は、その過渡期に生じており、産業構造の急速な変化に伴う歪みが国際カルテルの『摘発ドミノ』として露呈した特異なケースとして理解することができるように思われる[5]」

その上で、自動車部品カルテル事件について、「事案としては、日本の自動車産業に系列システムが存在していたことを前提とした特異事例にすぎない」と指摘している。

自動車産業における系列システムが破壊され、部品調達のオープン化が進んだという急激な構造変化の荒波を乗り越えるため、部品メーカー同士が系列を越えてカルテルを結んだのである。

一方、桃尾・松尾・難波法律事務所の弁護士、向宣明は、「ゴーン・ショックがすべてだとは思っていない。ゴーンがリバイバルプランを打ち出す前から、部品メーカー間のカルテル行為は存在したと指摘されている。ゴーン・ショックによって違反が生まれたのではなく、部品業界に長く根付いていた慣行が、ゴーン・ショックによって表面化したのだと思う」と分析している。

ゴーンは2018年11月19日、金融商品取引法違反の疑いで東京地検特捜部に逮捕された。2019年3月6日に保釈されるまで、100日以上にわたって東京拘置所に勾留された。日産の会長職を解かれ、ルノーの会長兼最高経営責任者（CEO）職からも事実上解任された。そして、2019年12月末、保釈中のゴーンは日本からの脱出に成功、現在は幼少期を過ごしたレバノンに逃亡している。

リバイバルプランを華々しく掲げて日産の立て直しを図った一連の改革を「第1次ゴーン・

ショック」とするなら、ゴーンの逮捕から逃亡に至る劇的な展開は「第2次ゴーン・ショック」と言える。

生き残りをかけてカルテルに走ったあげく、米当局に摘発された部品メーカーの幹部社員は、ある者は米刑務所に収監され、またある者は起訴された身で、日本国内にとどまっている。系列破壊にもつながった改革を断行したゴーンが再び、紙面やニュース番組を賑わしているのを見て、何を思っているのだろうか。

一矢報いる

前述の通り、米国では刑事事件の9割以上が司法取引で決着する。企業や個人にとって、有罪を認めた訴因以外については起訴されることがなくなり、量刑上も有利な取り扱いが受けられるなどのメリットがあるからだ。米国の弁護士の中には、顧客に司法取引を積極的に勧める者もいるとされる。

裁判を選ぶにしても、陪審裁判はいかにも使い勝手が悪そうな印象がある。日本企業や日本人にとってなじみが薄い上、マイナスのイメージがつきまとっていることは否めない。

たとえば、日本でも話題になった、喫煙による健康被害をめぐるクラスアクション（集団訴訟）。この訴訟はフロリダ州で起こされ、州裁判所の陪審は２０００年7月、フィリップ・モリス、ＲＪレイノルズ・タバコなど米たばこ大手5社に対し、総額１４５０億ドル、当時のレート換算で約15兆６６００億円に上る、米史上最大の懲罰的賠償金の支払いを命じる評決を出した。

しかし結局、２００3年5月、控訴裁判所が支払い命令を却下。２００６年7月、州最高裁判所も控訴裁の判断を支持した結果、たばこ会社側の勝訴で終わった。

ただし、通常、人々の印象に残るのは「米たばこ大手5社に15兆円の賠償支払い命令」といった、初報だ。数字が大きければ大きいほど、強烈な印象が焼き付けられる。何年かたって最終的に支払い命令が却下されたという続報は、ニュースとしてもはや大きく取り扱われることはない。人々の関心も薄れている。そうして、「米国の陪審裁判は怖い」という印象だけが残るのである。

そうは言っても、日本企業が言葉や文化の壁を乗り越え、一般市民からなる陪審員を納得させるのが至難の技であることは確かだ。負ければ処罰が厳しくなる恐れがあるとすると、あえて陪審裁判に打って出ようと思わないのも当然だ。

ところが、自動車部品カルテル事件で訴追された46社中、ただ1社、陪審裁判で米司法省との全面闘争（1－1図参照）をあえて選択した企業がある。

愛知県大府市に本社を置く自動車部品メーカー、東海興業だ。同社は2016年6月15日、車体シールをめぐる価格調整および談合の疑いで米子会社グリーン東海および幹部社員1人とともに正式起訴された。法人としては、自動車部品カルテル事件で正式起訴された第1号となった。

司法取引に応じる場合には、司法省が略式起訴（information）するだけで済む。形式上は起訴でも、通常は「起訴された」とは言わない。「有罪答弁に応じた」「司法取引に同意した」などとされる。

これに対し、被疑者が司法取引を受け入れない場合、連邦大陪審の評決を経て、正式起訴（indictment）される可能性が大きい。米国で「起訴された」という場合には、通常こうした事態を指す。

東海興業が正式起訴されたということは、司法取引を拒否し、裁判の道を選んだということを意味した。自動車部品カルテル事件で訴追された企業で、裁判で米司法省と対決することを選択した初めての、そして唯一の企業となった。

オハイオ南部地区連邦地裁の連邦大陪審は2017年11月29日、東海興業に対し、無罪の評決を下した。東海興業側の勝利だった（ただし、幹部社員1人は依然起訴状態にある）。

裁判で負ければ、罰金額は量刑ガイドラインで想定される額を大幅に上回る恐れがあった。

東海興業に勝算はあったのだろうか。

東海興業はまず、米司法省からカルテルの嫌疑をかけられたのを受け、社内調査を徹底的に行った。その結果、「事実無根」と結論付けた。裁判では、東海興業側は、司法取引を既に受け入れて免責されている検察側の証人（競合する他の日本企業の社員）の証言は信憑性に欠けると主張。また、車体シール市場の競争は十分に激しいと強調した。

陪審の評決は、陪審員全員が一致する必要がある。全員一致とならなかった場合、評決不能となり、裁判官の判断に委ねられる。[6]

一般に、日本企業が陪審裁判で争い、一般市民から成る陪審員を納得させるのは困難とされていた。しかし、東海興業の場合、13日間に及ぶ証言や証拠開示の末、陪審員は3時間弱の評議で、全員一致で無罪評決を出した。自動車部品カルテル事件で連戦連敗の日本企業にとって、一矢報いる形となった。

東海興業の弁護人を務めた米法律事務所、バーンズ・アンド・ソーンバーグのパートナー弁護士、ラリー・マッキーはプレスリリースで、「外国語、通訳、複雑な事実関係に直面しながら、陪審員はわずか数時間で正しい評決を下した」と、陪審員の判断を評価。同時に、「司法省に立ち向かった木村家（東海興業のオーナー〔経営者〕）は称賛に値する」と、裁判を選択した経営陣の勇気を称えた。

日本サイドで弁護人を務めた麻布国際法律事務所の弁護士、入江源太は、次のように述懐している。

「これからは、米司法省相手には『司法取引か司法取引か』しかないのではなく、『司法取引か争うか』という選択肢があってよい。会社を守るということは司法取引をするということではなくて、その手前の内部調査をしっかり行って、行った調査に基づいて会社が証拠を探して、納得のいく結論を出すということを考えていくべきだ」

言うは易く、行うは難し。ベストセラー作家ジョン・グリシャムの小説『司法取引』の中には、陪審裁判について、次のようなくだりがある。

公判は見世物であり茶番だった——真実探求の場としてはお笑いぐさでしかなかった。しかし、やがてわたしにもわかってきたが、真実は重要ではなかった。公判審理が事実を示し、真実を追求し、正義を見いだすことの実践の場だった時代もあったのかもしれない。いまや公判は一方が勝って一方が負けるゲームだ。双方とも相手がルールをねじ曲げたり小ずるい手をつかうと予想しているため、どちらもフェアプレーには従わない。乱闘のなか、真実はうしなわれてしまう。

決して誇張ではなく、実態に近い側面があると言えよう。「ゲーム」どころか「乱闘」にまで発展する陪審裁判を、あえて選択しようとする日本企業がめったに出てこないのもうなずける。しかも、カルテル事件の場合、原告は米司法省＝アメリカ政府なのである。これ以上に強大な相手はいない。

裁判を選べば、弁護人への支払いや通訳を雇う費用、翻訳料、出張費など、企業にとってはコストもかさむ。負けた場合にはさらに高額の罰金支払いを余儀なくされる恐れがある。民事訴訟も延々と付いて回る。上訴は可能だが、さらに時間とコストがかかる。先は見通せない。

東海興業の場合、検察側の証人は日本の競合他社の社員だった。米国の裁判所で、日本企業同士、日本人同士が争う形となった。いずれが勝つにしろ負けるにしろ、禍根が残る可能性もある。

陪審裁判にギャンブルの側面があることは否定できない。負ければ違法行為への関与が認定され、経営責任が問われる。ペナルティーが想定を上回るリスクもある。

米司法省は陪審裁判で東海興業に完敗したわけだが、敗訴したことについていちいちプレスリリースは出さない。当局者のコメントも出ない。そのため直接の反応をうかがい知ることはできない。

自動車部品カルテル事件で別の日本企業の弁護人を務めたある弁護士は、次のように分析する。

「〔検察側が負ければ〕日本だとニュースになるが、アメリカだと『裁判だから勝つときもあれば負けるときもある』のが基本ではないか。日本ほど無罪が持つ重みはそんなにないというのが、まず前提としてある。米司法省が、捜査手法が間違っていたと公式に認めるはずはないし、今でも、有罪だったはずだと思っているはず。やり方は改めないと思う」

20年間にわたる主要企業犯罪12件をめぐる米国における裁判の結果について分析したある調査報告[7]によると、6件について企業側が無罪を勝ち取っている。有罪判決が出たのは3件、残りは最終的に和解に至ったり、評決不能になったりしている。実際、当局にとっても企業にとっても、「勝つときもあれば負けるときもある」のである。

数字だけ見ると、意外にも企業側の勝訴率が高い。ケース・バイ・ケースだが、企業にとって、裁判は選択肢として検討に値するのではないだろうか。

前出の弁護士は、東海興業勝訴の影響について、次のように分析している。

「闘って勝った前例ができたので、企業はこれまでは『裁判に行くのは難しい』というのが常識だったのが、『裁判に行ってみようか』というのが、オプションの一つにはなったということかもしれない。米司法省にとっては相当、面倒くさくなる。みんな争い始めると、それだけコストがかかるからだ」

勝訴は簡単ではない

東海興業と同時に正式起訴された部品メーカーがあった。名古屋市に本社を置くマルヤス工業と、同社子会社カーティス・マルヤス・アメリカ（ＣＭＡ）、さらに幹部社員４人だ。自動車用鋼管をめぐる価格調整および談合の疑いが持たれていた。

マルヤスとＣＭＡはこれを受けて連邦地裁に対し、起訴の取り下げを要求したが、棄却された。

次の段階として、マルヤスは連邦地裁の判断を無効とするよう、上級審である第６管区連邦控訴裁判所に上訴[8]。ＣＭＡは管轄裁判所の変更を求めて上訴した。しかし、これらの訴えも棄却された。

マルヤス側は陪審裁判で争う構えを見せながら、米司法省との交渉を継続。２０１８年５月、最終的に司法取引を締結した。

内容は、①マルヤスは罰金１２００万ドルを納める②米司法省はその見返りにＣＭＡと社員３人に対する起訴を取り下げる――というものだった。

マルヤスに対する罰金は日本円換算でおよそ13億円。１００億円を超える罰金も珍しくない自動車部品カルテル事件では、控えめな水準にとどまった。しかも、子会社CMAと、個人3人に対する起訴は取り下げられた。

米司法省が起訴を取り下げるということ自体、極めて異例だ。司法省としては実質的に敗北に等しい。逆に、マルヤスはかなり善戦したと言える。

英紙『フィナンシャル・タイムズ』は、東海興業が陪審裁判で勝訴したことに加え、マルヤスが善戦したことを受け、「司法省は昨年〔2017年〕、自動車部品事件で初めて裁判に持ち込まれたケースで敗訴した。その後、裁判が予定されていた別のケースで和解し、起訴した幹部のうち数人について起訴を取り下げた」と、（おそらくは驚きをもって）報じている。[9]

とはいえ、東海興業の場合も、マルヤスの場合も、それぞれ幹部社員1人ずつに対する起訴は残ったままだ。米司法省はただでは引き下がらない。企業にとっても個人にとっても、「完全勝利」は至難の技だ。

注

1　この記録は更新され、2014年3月に海運カルテルをめぐって公正取引委員会が日本郵船に納付を命じた

１３１億円が現時点では最高額。

2 「自動車部品のカルテル摘発続発に『答えることはできない』…部工会玉村会長」、自動車関連のインターネットニュースサイト『レスポンス』２０１２年５月25日

3 ２０１５年７月７日専修大学経営研究所第３回研究会報告「自動車部品カルテル事件の現況」参照。

4 『メディアウオッチ１００』第３４５号、メディア評価研究会、２０１３年６月７日

5 「国際カルテル事件はこうして発覚する―『摘発ドミノ』の舞台裏―」『ザ・ローヤーズ』２０１２年10月号、執筆当時はアンダーソン・毛利・友常法律事務所所属。

6 評決不能は被告人にとって必ずしも不都合なわけではない。「裁判官の判断で無罪になる場合もあるし、検察官と有利な条件で答弁取引できる余地も出てくる」（森本哲也『概説　アメリカ連邦刑事手続』）からだ。

7 F. Joseph Warin and Julie Rapoport Schenker, "Refusing to settle: Why public companies go to trial in federal cases", Georgetown American Criminal Law Review (Volume 52, No. 3, Summer 2015)

8 米国の裁判所制度は、連邦と州の二通りの系統に分かれている。それぞれ基本的に三審制で、連邦の場合、第一審が連邦地方裁判所、第二審が連邦控訴裁判所、第三審が連邦最高裁判所。連邦控訴裁はcircuitと呼ばれる13の管轄区に一つずつ置かれている。「第６巡回区連邦控訴裁判所」などと訳されることがあるが、別に裁判所が移動するわけではないので、本書では「第６管区」などと表記する（『概説　アメリカ連邦刑事手続』「凡例」参照）。

9 "US antitrust enforcement falls to slowest rate since 1970s", November 28, 2018, 電子版

第2章　アメとムチ

反トラスト局は過去20年間、リニエンシープログラムに基づく自発的な申告や適時の協力に対する報償と、重い処罰とを組み合わせることを通じて「アメとムチ」戦略を構築し、実行してきた。

スコット・ハモンド米司法省反トラスト局次長、２０１０年2月25日

カルテルは重罪

米連邦最高裁判所は１９７２年に出したある判決文の中で、「反トラスト法は自由主義経済のマグナ・カルタである」と形容した。[1] この場合、マグナ・カルタは、「根幹」「礎」というほどの一般的な意味で使われている。

米司法省反トラスト局の「国際カルテルとの戦い」において、錦の御旗に相当するのが反ト

ラスト法だ。それは、アメリカ合衆国建国の拠り所ともなったマグナ・カルタに擬せられるほど、神聖かつ犯すべからざる法律なのである。

本書では、カルテル事件摘発の根拠法を単に反トラスト法とする場合が多い。ただし厳密にはシャーマン法である。

反トラスト法の中心となるシャーマン法は1890年に制定された。取引を制限するカルテルや独占行為を禁止し、違反行為に対する差し止め、刑事罰などを規定している。シャーマン法は、資本主義経済を支える「自由の憲章」「経済憲法」と呼ばれることもある。

反トラスト法に含まれるものとして、このほか1914年に制定されたクレイトン法がある。クレイトン法は、シャーマン法違反の予防的規制を目的とし、競争を阻害する価格差別や不当な排他的条件付き取引の禁止、M&A（企業の合併・買収）など企業結合の規制、3倍額損害賠償制度について定めている。同じく1914年制定の連邦取引委員会（FTC）法は、不公正な競争方法を禁止し、FTCの権限や手続きなどを規定している。

反トラスト法は、これら3法で構成されており、総称である。各州も独自の反トラスト州法を制定しているため、区別するため連邦反トラスト法と呼ばれることもある。

反トラスト法を構成する法律群の中で、日本企業にとってもっとも関係が深いのがシャーマン法だ。その第1条で取引制限、第2条で独占を禁止している。カルテルは取引制限に当たり、反トラスト法の「一丁目一番地」（後藤晃『独占禁止法と日本経済』）に位置づけられる。米国ではカルテルは「反トラストにおける最大の悪」とされ、徹底的な取り締まりの対象となる。

翻って日本では、「カルテルは悪であるが、それほど悪いこととは受け止められていない」「交通法規違反程度のものというのが一般的な産業界の認識」（上杉秋則『独禁法の来し方・行く末～支流から本流への歩み～』）とされる。これは1977～1990年当時の日本の産業界の認識について言及したものだ。しかし、21世紀に入っても国内外で日本企業が相次いで摘発されている現状を見れば、指摘はなお有効と言わざるを得ない。

シャーマン法第1条が禁止しているのは、厳密には取引制限を内容とする契約や共謀である。「契約とは、契約書などに文書化された合意を、共謀とは、違法であることを意識しながら行う（文書化されない）合意」を意味する（村上政博『アメリカ独占禁止法第2版』）。

違法とされる「合意」の範囲は広い。反トラスト局の元次長スコット・ハモンドによると、ウインクしただけ、うなずいただけ、場合によっては「沈黙」ですら、何らかの意思の疎通があったとみなされる可能性がある。次のような言い訳は、米司法省には通用しない。

＊正式な合意に至っていない。

＊口約束にすぎず、署名していない。

＊こうすると言ったからといって、その通り実行するわけではない。
＊実行する義務はない。
＊反故にしても罰則はない。
＊書き物に残していない。
＊お互い騙し合いの世界だ。
＊他にも競合社があり、実効性がない。

合意の中身としては、①競合社間で価格水準について調整する価格合意②受注企業を合意によりあらかじめ決めておく入札談合③市場や顧客の分配や分割を調整する市場分割――が含まれる。こうした違法行為はハードコアカルテルと呼ばれ、当然違法とされる。即、クロと認定されるのである。

価格カルテルでは、合意や暗黙の了解が存在したという事実だけで違法と認定される。合意内容が実際に実行されたかどうか、あるいはその効果が表れたかどうかを当局が立証する必要はない。

ハードコアカルテルに対しては、厳罰が科される。反トラスト局の基本姿勢は明快だ。「違法行為を行った企業幹部に対する禁錮刑および不正を行った企業に対する高額罰金は、違法な

カルテル行為から消費者を保護する上で最も効果的な抑止力となる」（ビル・ベア反トラスト局長[2]）

シャーマン法に違反した場合、刑事上の重罪になる。重罪は通常、死刑または1年以上の懲役・禁錮刑が科される重大な罪を意味する。殺人や強姦、武装強盗といった犯罪と同類だ。これに対し、公の場での酩酊や小額の賭博などは軽罪とされ、禁錮刑が科されても1年未満となる。

カルテル行為を働いた場合、法人に対しては最高1億ドルの罰金が科される。ただし、カルテル全体によってもたらされた利益、もしくは損害額の最大2倍までの罰金が科されることもある。個人の場合、最高１００万ドルの罰金が科される。併せて、最長10年の禁錮刑が科される可能性がある。

現時点までで、反トラスト法違反で科された法人に対する罰金の最高額は9億２５００万ドルだ。現在のレートで換算すると約１０００億円に達する。この巨額罰金は、外国為替相場の不正操作事件で摘発された米金融大手シティコープに科された。

罰金額2位は英バークレイズの6億５０００万ドル、3位は米ＪＰモルガン・チェースの５億５０００万ドルと、いずれも外為相場の不正操作に関与した金融大手が上位を占めている。

ただ、反トラスト法違反事件では、金融機関はむしろ新参者で、製造業が常連だった。金融

2－1表　反トラスト法違反で1億ドル以上の罰金を科された企業

順位	企業名（財政年度）	所在国	対象製品・サービス	罰金（百万ドル）
1	シティコープ（2017）	米国	外国為替	925
2	バークレイズ（2017）	英国	外国為替	650
3	JP モルガン・チェース（2017）	米国	外国為替	550
4	エフ・ホフマン・ラ・ロシュ（1999）	スイス	ビタミン	500
	AUO（2012）	台湾	液晶パネル	500
6	矢崎総業（2012）	日本	自動車部品	470
7	ブリヂストン（2014）	日本	自動車部品	425
8	LG ディスプレー（2009）	韓国	液晶パネル	400
9	ロイヤル・バンク・オブ・スコットランド（2017）	英国	外国為替	395
10	エールフランス KLM（2008）	仏、オランダ	航空貨物運賃	350
11	サムスン電子（2006）	韓国	DRAM	300
	大韓航空（2007）	韓国	航空貨物運賃・旅客運賃	300
	ブリティッシュエアウェイズ（2007）	英国	航空貨物運賃・旅客運賃	300
14	BASF（1999）	ドイツ	ビタミン	225
15	奇美電子（現イノラックス）（2010）	台湾	液晶パネル	220
16	古河電気工業（2012）	日本	自動車部品	200
17	日立オートモティブシステムズ(2014)	日本	自動車部品	195
18	三菱電機（2014）	日本	自動車部品	190
19	SK ハイニックス（2005）	韓国	DRAM	185
20	インフィニオン（2005）	ドイツ	DRAM	160
21	SGL カーボン（1999）	ドイツ	黒鉛電極	135
	ミツバ（2014）	日本	自動車部品	135
23	三菱商事（2001）	日本	黒鉛電極	134
24	西川ゴム工業（2016）	日本	自動車部品	130
25	シャープ（2009）	日本	液晶パネル	120
	東洋ゴム工業（現 TOYO TIRE）（2014）	日本	自動車部品	120
27	カーゴルックス航空（2009）	ルクセンブルク	航空貨物運賃	119
28	UCAR インターナショナル（1998）	米国	黒鉛電極	110
	日本航空（2008）	日本	航空貨物運賃	110
30	ラン・カーゴ、ABSA（2009）	チリ、ブラジル	航空貨物運賃	109
31	ジェイテクト（2014）	日本	自動車部品	103
32	スターキスト	米国	シーフード缶詰	100
33	ADM（1997）	米国	リジン・クエン酸	100

出典：米司法省、2019 年 12 月 6 日時点、一部改変

大手が罰金額の記録を塗り替えるまでは、ビタミン・カルテル事件でスイス企業エフ・ホフマン・ラ・ロシュに、液晶ディスプレーパネル事件で台湾のＡＵＯ（友達光電）にそれぞれ科された5億ドルが、長らく最高額だった。

日本企業では、矢崎総業が自動車部品カルテル事件で科された４億７０００万ドルが最高で、全体の６位。これにブリヂストンの４億２５００万ドルが7位で続く。

２−１表は、反トラスト局が集計した統計「シャーマン法違反で１０００万ドル以上の罰金を科された企業」（２０１９年12月6日更新）のうち、1億ドル以上の部分を抽出したものだ。原典の「１０００万ドル以上」に該当する事案数は計１４7件。関与した企業（計１４９社）の国籍で見ると、日本が63社と全体の42・３％を占め、断トツだ。2位の米国（22社）、３位ドイツ（13社）、４位韓国（８社）、５位オランダ、スイス（ともに7社）を大きく引き離している。

厳罰化の歴史

重い刑事罰を伴うという意味で、世界で最も厳しい競争法と言える反トラスト法だが、牧歌的とも思えるような時代もあった。

2－2表　反トラスト法厳罰化の経緯

	刑罰			備考
	個人		法人	
	禁錮刑	罰金（ドル）	罰金（ドル）	
1890年制定当初	1年	5,000	5,000	
1955年改正	1年	50,000	50,000	
1974年改正	3年	100,000	1,000,000	シャーマン法違反を軽罪から重罪に変更
1984年罰金施行法	3年	250,000	1,000,000	代替的な最高額として違反により獲得した利益または与えた損害の2倍
1990年改正	3年	350,000	10,000,000	
2004年改正	10年	1,000,000	100,000,000	

村上政博『アメリカ独占禁止法―アメリカ反トラスト法第２版』など参照

米法律事務所シェパード・マリン・リクター・ハンプトンの弁護士、ドナルド・クラウィターによると、シャーマン法違反で初めて個人に禁錮刑が科されたのは１９２１年に遡る。[3] 対象は４人で、刑期は４人合わせても10ヵ月にすぎなかった。

当時、シャーマン法違反で科される禁錮刑は最長１年、罰金は法人と同額の最大５０００ドルだった。その後、第２次世界大戦後の１９５９年まで、禁錮刑が科された事例はなかった。

１９７４年、シャーマン法違反は軽罪から重罪に格上げされた。その結果、個人に対する刑罰は最長刑期３年、罰金の上限も10万ドルに引き上げられた。法人に対する罰金も最大１００万ドルとなった。

その後もシャーマン法は改正を重ねるごとに厳罰化が進み、２００４年に施行された「反トラスト法刑事罰強化・改革法（ＡＣＰＥＲＡ）」により、現行の処罰レベルに至った。

米司法省は当初、国際カルテルの摘発で外国人ビジネスマンを「優遇」していた。外国人に対しては、司法取引を通じて調査に協力してもらう見返りに、禁錮刑を科さないことを約束していたのである。収監免除方針と呼ばれた。

しかし、司法省が1993年8月に発表した新リニエンシープログラム（法人向け。個人向けの新リニエンシープログラムは1994年8月発表）によって、転機が訪れた。

リニエンシープログラムはもともと1978年に導入されたが、反トラスト局による調査開始前に申請することが適用の条件だった。

新リニエンシープログラムでは、調査開始後でも、一定の要件を満たせば申請できるようになった。企業にとって使い勝手が格段に良くなり、申請件数が増加。反トラスト局に貴重なカルテル情報が続々ともたらされるようになった。

一般にリニエンシー制度とは、企業が自らも関与した不正行為を自主申告する見返りに、処罰を免除してもらったり、軽減してもらったりする仕組みを、制度化したものだ。当局にとっては、予算と労力を使ってカルテルを見つけ出す手間が省けるため、極めて効果的なツールとなっている。

反トラスト局としては、外国人ビジネスマンの捜査協力に頼らなくても、リニエンシー申請企業からの情報提供と協力により、カルテルを効率的に摘発できるようになったのである。カルテル事件の捜査を、民間にアウトソーシング（外注）したとも言える。しかも、数億円規模に膨らむ可能性のある捜査協力のための費用は、企業持ちなのである。

1995年には、反トラスト法違反で外国人に初めて禁錮刑が科された。使い捨てプラスチック食器のカルテル事件だった。米、カナダ企業の幹部社員7人が司法取引に応じ、4～21ヵ月の禁錮刑を受けた。このうち2人がカナダ人だった。

一方、複数の日本企業も関与した黒鉛電極をめぐる国際カルテル事件では、1人のドイツ人幹部が司法取引に応じて有罪を認めた。結局、罰金を科されたものの、会社に納めてもらった上、禁錮刑は免れた。

これに対し、ある米国人幹部は自腹で125万ドルの罰金を支払った上、17ヵ月間服役するという「深刻な不公平」（クラウィター）が生じた（いずれのケースも1999年）。外国人に対する収監免除方針はなお、有効だったようだ。

その少し前、ある国際カルテル事件に対する司法省の対応が、産業界にショックを与えていた。味の素や協和発酵も関与したリジン・カルテル事件だ。

この事件では、1996年、米アーチャー・ダニエルズ・ミッドランド（ADM）が司法省との間で1億ドルの罰金を支払う内容の司法取引を結んだ。反トラスト法違反に伴う罰金が1

億ドルの大台に乗せたことに、衝撃が走った。これをきっかけに、企業の間で、リニエンシーを利用して巨額の罰金を免れた方が得策との考えが急速に広がったとされる。

ただ、リジン・カルテル事件で摘発された個人のうち、日本人2人、韓国人1人が罰金で済んだのに対し、ADMの米国人幹部3人に実刑が科されるなど、内外不均衡は残っていた。

ビタミンをめぐる国際カルテル事件で、状況は一変する。1999年5月、スイスの医薬品大手エフ・ホフマン・ラ・ロシュに対し、当時として史上最高の5億ドルの罰金が科されたのである。併せて、同社のほか米、カナダ、ドイツの企業の幹部社員12人が司法取引に応じ、禁錮刑に服した。その中には、スイス人4人、ドイツ人2人が含まれていた。反トラスト局は、外国企業、外国人であっても、反トラスト法違反を犯せば容赦しないとの姿勢を鮮明にしたのだった。

元反トラスト局次長のスコット・ハモンドは、企業向けの新リニエンシー制度が導入された1993年が、司法省が国際カルテルの取り締まりを優先する方向に舵を切った節目の年になったと振り返っている。

ハモンドによると、それ以前は、司法省のカルテル調査は国内のカルテル事件が大部分で、学校給食用の牛乳や道路工事に関する談合など、公共入札談合事件の摘発に重点が置かれていた。しかし、米経済にもたらす影響は国際カルテル事件の方がより大きいと認識するに至り、方針を転換したという。

ただ実際には、外国企業であるエフ・ホフマン・ラ・ロシュが当時最大の5億ドルの罰金を科され、6人の外国人が刑務所送りにされたビタミン・カルテル事件が、反トラスト局によるカルテル取り締まりが実質的に内外無差別となったことを画すメルクマールになったと言えよう。これ以降、外国人に手心を加える収監免除方針は消滅した。

域外適用

日本国民であれば、日本国内のルールに違反すれば国家権力による「暴力」の行使（逮捕や処罰）を受け入れざるを得ない場合がある。しかし、現実には、日本企業同士が日本国内で行ったカルテル行為について、外国である米国の当局によって日本企業が罰金を科され、日本人ビジネスマンが米国の刑務所に収監されている。その根拠となるのは反トラスト法という、米国の法律だ。

一般に、自国の法律を外国の企業や個人に適用することを、域外適用という。主権侵害とも言えるが、競争法の執行に当たっては、現在、問題視されることはほぼない。

政策研究大学院大学教授の後藤晃は言う。「いまでは、自国の市場に影響があれば自国の競争法を外国企業にも適用するということが米国だけではなく、日本も欧州委員会も、またオーストラリア、カナダなどでも、ふつうに行われるようになっている。域外適用という言葉自体、あまり意味のあるものではなくなっている」（『独占禁止法と日本経済』）

そうだとしても、米司法省の取り締まりは、特に個人が標的となったときに、厳しさが際立つ。カルテル事件に限らない。

たとえば、国際サッカー連盟（ＦＩＦＡ）汚職事件。米当局はこれまでに、賄賂を受け取るなど私腹を肥やした幹部や関係者ら約40人を起訴している。その中には、米国からの引き渡し要請を受けてスイスから米国に身柄が移送された英領ケイマン諸島出身の元副会長、ジェフリー・ウェブのような大物も含まれている。ウェブは当初、無罪を主張していたが、最終的に有罪を認めた。

米当局がＦＩＦＡ幹部らを起訴した根拠は、賄賂のやりとりに米国内の金融機関の口座が利用されていたことにある。マネーロンダリング（不正資金の洗浄）や脱税に使われていたとされる。

これに対し、ロシアのプーチン大統領は２０１５年、「米国司法の適用を外国に拡大する明白な試みだ」と非難した。しかし、国際社会からはそれ以降、表立った批判は出ていない。

プーチンがいみじくも指摘したように、米国司法の射程範囲は広い。「米国は世界の警察官なのか」と、煙たがられているのも事実だ。

日本企業とその社員にとっても、反トラスト法自体というよりはむしろ、その域外適用が脅威なのである。

ハイエナ訴訟

カルテルの被害者は、企業に対し、3倍額損害賠償請求を民事訴訟で申し立てることができる。カルテルにより受けた損害額の3倍の額を賠償金として請求できるというものだ。

たとえば、企業が、総販売額10億円の製品について、カルテル行為を通じて1億円の過剰請求を行っていたと認定されると、3億円が損害賠償請求額となる。

原告が勝訴した場合、企業は原告側の弁護士費用などの弁済を命じられる。ハモンドによると、こうした弁済額だけで1億ドルを超えたケースもある。損害賠償額が、司法省に科された罰金額を上回ることもあり得る。

民事訴訟では、クラスアクションが一般的だ。1人または少人数の被害者が原告となり、同一事件について利害関係を共有するすべての被害者（クラス）を代表して訴訟を提起するものだ。

日本の集団訴訟は、被害者全員の意見を取りまとめ、1人ずつ同意を取り付け、原告団を組織する必要がある。それに対し、米国のクラスアクションでは、クラスの構成員となる被害者が訴訟に参加しないという意思表示をしないかぎり、自動的に参加することになる。このため、原告の数は膨れ上がる。訴訟の結果はすべての原告に適用される。訴訟を起こされた企業には、巨額の損害賠償義務が生じる可能性がある。

カルテル対象製品を大量に購入していた大企業などは、クラスに参加せず、独自の訴訟を起こすことも多い。

裁判所も、司法取引で不正を認めて有罪答弁をした企業については、被害者に賠償するのが当然とみなす傾向がある。司法取引で終わりではないのである。そこからが長い。すべての民事訴訟が解決するまでには数年、場合によっては10年程度かかるケースも珍しくない。

自動車部品カルテル事件では、立ち入り検査が実施されたのは2010年2月。米司法省による摘発は完了したとみられるものの、民事訴訟はまだ完全には収束していないようだ。

コンプライアンス・アドバイザーの龍義人は著書『国際カルテルが会社を滅ぼす――司法取引、クラスアクションの実態と日本企業の対応』の中で、反トラスト法に絡む民事訴訟について、「クラスアクションの形を含む連邦民事訴訟、同じくクラスアクションの形態での州民事訴訟、連邦・州それぞれのクラスアクション訴訟に加わらなかったオプト・アウト訴訟、州司法長官によるその州の代理訴訟、その他のカネ目当てや言いがかり的な民事訴訟」に至るまで、多くの種類があると説明。ひとたび司法取引で有罪を認めたが最後、企業に手を変え品を変え、次々に襲い掛かることから、米国は「ハイエナ訴訟大国」だと指摘している。

部品メーカーから供給を受ける側の自動車メーカーも、被害者意識は薄いとみられるものの、クラスアクションの原告となる場合がある。損害賠償を請求しなかった場合、後に株主代表訴訟を起こされ、経営責任が問われる恐れがあるからだ。

ある部品メーカーの担当者は、納入先の自動車メーカー（ともに日本企業）の担当者から、「株主代表訴訟〔を起こされる可能性〕もあるので、申し訳ありませんが訴訟〔クラスアクション〕を起こしました」と、律儀に断りを入れられたことがあったという。

実際、日本国内のカルテル事件で、２０１０年5月に公正取引委員会から67億６２７２万円の課徴金納付命令を受けた住友電気工業の株主らが、同社経営陣の責任を問う株主代表訴訟を起こした（同年12月）ことがあった。

原告側は、経営陣がカルテルに故意に関与または看過黙認した過失、自主申告による課徴金減免制度を利用しなかった過失、などの責任を追及した。最終的には、経営陣が解決金5億２０００万円を支払うことで和解した（２０１4年5月）。

同様の訴訟が、米国など海外の当局に巨額の罰金を科された企業の経営陣を相手に提起される可能性も排除できないのである。

最強の武器

米司法省反トラスト局が「カルテルの疑いあり」とにらんで刑事調査に踏み切る場合、まず大陪審を招集して、証拠の提出などを求めるための「サピーナ」を疑わしい企業に発出する。サピーナは単に「召喚令状」と訳されることがあるが、厳密には「罰則付き証拠物提出令状」と「罰則付き証人召喚令状」の2種類がある。通常、捜査対象となった企業すべてに、罰則付き証拠物提出令状が発出される。サピーナを「発出する」というのは書き言葉で、話し言葉ではサピーナが「飛んだ」などと言われる。

罰則付き証拠物提出令状は、ある一定期間にわたる特定の文書や物品の提出を企業に求めるもので、対象は広範囲に及ぶ。企業がそれに従わなければ、法廷侮辱や司法妨害を疑われる可能性がある。米国外の文書は対象外だが、意図的に隠滅すればやはり司法妨害に当たる。

サピーナを受け取った企業は、米証券取引委員会（SEC）にその旨を報告する義務がある。そうした情報が広がると、民事訴訟が起こされる。

元反トラスト局次長のハモンドによると、逆に言えば、実際には司法省がカルテル事件として訴追できなかったとしても、刑事捜査が開始されたという事実だけで、膨大なコスト（民事訴訟に伴うコスト）を社会に発生させてしまう恐れがある。そこで、司法省は内規で、調査開始に高いハードルを設けている。

そうした事情もあり、カルテルに関与していた企業が有力な情報を自主的にもたらしてくれるリニエンシー制度は、司法省にとってリスクを伴わない、企業や社会全体にとっても相対的に負担が軽い、便利なツールとなっている。

企業にとって、他社に先駆けて自主申告するメリットは大きい。リニエンシー申請が受理されれば、まず会社と、捜査に協力する社員に対する訴追が免除される。有罪判決を回避できることが確定するのである。

米国のリニエンシー制度では、刑事訴追免除の対象となるのは自主申告1位だけだ。2番手以下は免除の対象とならない。ただし、2位以下であっても、捜査に協力し、司法取引に応じれば、罰金の減額は認められる。

司法取引も、違法行為を認め、かつ捜査に全面的に協力しなければならないという点では、仕組みとしてリニエンシー制度と似ている。しかし、司法取引の場合は罰を軽くしてもらう代わりに不正を認めて裁判所で有罪答弁しなければならない。あくまで有罪となるので、罰金や禁錮刑など刑事罰を受けることになる。これに対し、リニエンシー申請1位の場合、刑事責任が全面的に免除されるのである。

それに伴い、①損害賠償訴訟におけるカルテル行為の責任の推定②政府調達案件での入札禁止措置③コンプライアンス状況を監視するための保護観察措置——といった、労力と時間とコストを伴うネガティブな帰結をすべて回避できる。

民事訴訟に際しても、懲罰的な3倍額損害賠償請求や、債務の連帯責任が免除される。実際の損害の弁済だけで済む。

企業も個人も、リニエンシー制度という強力な「アメ」を有効活用すれば、一連の「ムチ」を回避できるのである。

そのため、企業は、他社にリニエンシー申請で先を越されないかと疑心暗鬼になる。囚人のジレンマ状態に陥り、リニエンシー申請競争という、仁義なき戦いが始まる。

ハモンドによれば、リニエンシー申請が1番手の企業から数時間差で後れた2番手の企業が、罰金と幹部社員に対する禁錮刑を科されたケースも多いという。ハモンドは、「兵の情は速を主とす（戦争の実情は迅速が第一）」（『新訂　孫子』）という孫子の教えが当てはまると説いている。[4]

企業は逡巡する。カルテルから一抜けして当局にリニエンシー申請するということは、他社からみれば密告であり、カルテル破りにほかならない。「A社が垂れ込んだらしい」「B社がゲロッたようだ」などと隠語が使われるのは、裏切り行為に対する嫌悪感の表れかもしれない。

2－3表　日米欧のリニエンシー制度比較

米国	1978年導入。抜本改正され、1993年に法人向け、1994年に個人けが発表される（個人向けリニエンシーは日欧にはない）。 自主申告1位のみ罰金100％免除。ただし2位以下でも捜査協力し、有罪答弁に応じれば減額が認められる。

欧州委員会

1996年導入。2006年、制裁金減免を規定。裁量の余地が大きい。

申告順位	減免率
1位	100％
2位	30～50％
3位	20～30％
4位以下	～20％

公正取引委員会

2006年導入。2019年改正で、調査への協力度合いに応じて減額率を加算する調査協力減算制度に。

		改正前	改正後	
	申告順位	減免率	減免率	協力加算
調査開始前	1位	100％	100％	
	2位	50％	20％	最大40％
	3～5位	30％	10％	最大40％
	6位以降	なし	5％	最大40％
調査開始後	最大3社	30％	10％	最大20％
	4社目以降	なし	5％	最大20％

注：改正前の減免対象は最大5社まで。

欧州連合（EU）の競争政策を司る欧州委員会のリニエンシー制度（1996年導入）では、減免率は自主申告1位が100％、2位は30～50％、3位は20～30％、4位以下は20％までとなっている。欧州委員会の場合、裁量の余地が大きいのが特徴だ。

日本の課徴金減免制度はこれまで、減免率は申告順位だけに基づいて機械的に決定されていた。公正取引委員会に裁量の余地はなかった。

しかし、2019年6月、課徴金減免制度を拡充する改正独占禁止法が成立。その結果、公取委の調査への協力度合いに応じて、自主申告した企業に課徴金減額率を最大40％上乗せすることになった。調査協力減算制度と呼ばれる。

改正前も改正後も、調査開始前の自主申告1位は課徴金全額免除で変わりはない。しかし、たとえば2番手の場合、改正前は自動的に50％減額だったのが、改正後は、公取委が把握していない重要な証拠を提供するなど調査への積極的な協力が認められれば、最大60％の減額となる。

調査開始後についても、改正前は申告4社目以降は減免対象外だったが、改正後は、調査への貢献度が評価されれば最大25％減額される可能性が出てくる。

米国のリニエンシー制度は、自主申告1位にしか適用されない。ただし、出遅れても、問題となっている製品とは別の製品について、司法省がまだ把握していない違法行為を申告すれば、その製品については、企業と社員が訴追免除扱いとなる措置もある。アムネスティープラスと呼ばれる。

しかも、アムネスティープラスが認められれば、最初の製品に関しても、「ボーナス」としてペナルティーが軽減される。

リニエンシー制度もアムネスティープラスも、違法行為に対する制裁を免除してもらうという意味では同じだ。しかし、企業にとっては、自主申告1位しか受理されないリニエンシー制度に比べ、1位を取れなかった企業も恩恵にあずかれるアムネスティープラスには、救済措置的な意味合いがあると言える。

自動車部品カルテル事件が「史上最大」のカルテル事件に発展した火付け役の一つに、このアムネスティープラスがある。ある部品について調査対象となった企業が、別の部品についての不正行為を自主申告し、また別の企業も同様の行動を繰り返すという、ドミノ現象が起きたのである。米司法省にとっては、労せずして、カモがネギを背負って次から次へと飛び込んできたようなものだ。こうして46社が芋づる式に摘発されたのである。

東京国際法律事務所の代表弁護士、山田広毅は、「米司法省は金鉱脈を掘り当てたようなものだ」と語る。

自動車部品カルテル事件では、初期の段階で米国で約200件、日本でも約50件の自主申告があったとされる。

企業は申告時に、カルテル行為に関する同業者間の協議資料を当局にごっそり提出する。そこには協議に参加した企業名や担当者名がずらりと記載されている。反トラスト局は関与を特定できた企業に対し、サピーナを片っ端から送付する。さらに新規に申告があるたびに、新たに名前が出てきた企業にサピーナを送る。自動車部品カルテル事件では、サピーナが送られた企業数は200社を超えるとされる。

アムネスティープラスを利用できる状況にあったにもかかわらず、そうしなかった場合、最悪の事態に発展する恐れがある。

たとえばある企業がAという製品についてカルテルの調査を受けた際、Bという製品についてもカルテルに関与していたにもかかわらず申告せず、後に製品Bのカルテルが発覚した場合だ。製品Bのカルテル行為を隠していたとして、厳しい処罰が科される。ペナルティープラスと呼ばれる。

有名な例が、ブリヂストンだ。同社は2011年9月、原油移送用のマリンホースをめぐるカルテル事件で、入札談合および海外腐敗行為防止法（FCPA）違反について有罪答弁を行い、2800万ドルの罰金を支払った。捜査に協力したことが認められ、減額された上での罰金支払いだった。

ブリヂストンがマリンホース・カルテルに関与していたのは1999～2007年。しかし実は2001～08年の間、自動車用の防振ゴム部品のカルテルにも関与していた。

米司法省によるマリンホース・カルテルの調査の際、ブリヂストンはその事実を申告しなかった。そのため、防振ゴム部品のカルテル事件が発覚し、2014年2月に司法取引を受け入れた際には、4億2500万ドルもの罰金を科された。前述の通り、これは日本企業が反トラスト法違反で科された罰金額として、2番目に高い額だ。

当時の反トラスト局長ビル・ベアは後に、「ブリヂストンは第2の謀議を申告しなかった結果、罰金額は1億ドル以上加算された」と、ペナルティープラスによる加重額を明かしている。約3割増しということになる。中には、50％以上加重された事例もある。

リニエンシーが端緒

第1章の冒頭で紹介したように、自動車部品カルテル事件の調査は２０１０年2月の各国・地域当局による一斉立ち入り検査が号砲となり、本格的に始まった。

しかし実際には、それに先立ち、一部の企業は日米欧などの当局にリニエンシーを申請するなど、当局への接触を始めていた。各国・地域の当局はその情報を基に、連携して一斉立ち入り検査に踏み切ったのである。

ワイヤーハーネスのカルテルについて日本の公正取引委員会に最初に自首したのは、古河電気工業だった。

同社は２００８年7月、架橋高発泡ポリエチレンシートのカルテルに関与した疑いがあるとして公取委の立ち入り検査を受けていた。２００９年6月にも、光ファイバーケーブルのカルテルに関して立ち入り検査を受けた。

同社は相次ぐ不祥事の発生を受け、独占禁止法違反問題に関する第三者調査委員会を２００９年７月に設置、12月に委員会から提出された報告書を公表した。

同社は第三者委員会の設置と前後して、「カルテル等の独占禁止法違反の疑いのある行為の有無につき社外弁護士による徹底的な調査を実施し、過去に問題のあった行為については再発のないことを確認するとともに、疑いのある行為についてはすべてを停止させるなど、独占禁止法違反の根絶に取り組ん」だ（２０１０年５月21日付ニュースリリース）。

その過程で、ワイヤーハーネスに関する不正行為が見つかったとみられる。古河電工は社内調査の結果を公取委に申告した。リニエンシー申請１番手となり、課徴金を１００％免除された。

専修大学非常勤講師の北博行は、古河電工の公取委へのリニエンシー申請時期を、「２００８年７月～２００９年６月の間」[6]とみている。

２０１０年２月の一斉立ち入り検査の２週間前、古河電工は欧州委員会にもリニエンシーを申請した。しかし、住友電気工業が２００９年11月に１番手としてすでに申告していた。このため、古河電工は欧州委員会の制裁金については、減額はされたものの、１００％免除とはならなかった。米司法省への申告も、住友電工に先を越された。

古河電工が光ファイバーケーブルをめぐる不正行為などの発覚を受けて開始した社内調査で

ワイヤーハーネスに関する不正も発見したことに見られるように、そもそも、自動車部品カルテル事件は、各種電線のカルテル事件から飛び火したものだった。

電線カルテルをめぐっては、まず２００９年1月、日本の公取委が、電力用電線のカルテルの疑いでジェイ・パワーシステムズ、ビスキャス、エクシムの３社を対象に立ち入り検査を実施した。

ジェイ・パワーシステムズの親会社は住友電工と日立電線（現在は日立金属）、ビスキャスの親会社は古河電工とフジクラ、エクシムの親会社は昭和電線ホールディングスと三菱電線工業だ。自動車部品カルテルに関与した主要企業の一部が、すでにこの時点で登場していたのである。

ちなみに住友電工、古河電工、フジクラは自動車部品カルテル事件で言及されるときには「自動車部品メーカー」と呼ばれるが、もともとは「電線御三家」と呼ばれ、むしろ電線メーカーとして名が通っていた。

公取委と歩調を合わせ、欧州委員会も同じタイミングで、電力用電線の世界最大手メーカーである伊プリズミアン、やはり大手の仏ネクサンスの両社を対象に立ち入り検査を行った。欧州委は２０１１年7月には、住友電工、古河電工、昭和電線やその子会社を含む12社に対しても、カルテルの疑いで調査していることを通知する異議告知書を送付している。

欧州委が調査に乗り出したそもそものきっかけは、スイスの重電大手ＡＢＢによる、２００８年10月のリニエンシー申請だった。ＡＢＢの自首が導火線となり、電線カルテル事件は拡大していったのである。

7時間の差で悲劇に

主要自動車部品のワイヤーハーネスは、自動車用組電線とも呼ばれる、ケーブルの一種だ。このためワイヤーハーネス・カルテル事件は当初、電力用電線、光ファイバーケーブル、建設・電販向け電線、ＶＶＦケーブルに次ぐ、「電線シリーズ」（公正取引委員会）の新たな事案と受け止められていた。

現在では、一連の電線カルテル事件を受けて発覚したワイヤーハーネス事件が、自動車部品カルテル事件の第1弾と位置付けられている。

前述のように、ワイヤーハーネス・カルテル事件では、古河電工が公取委に調査開始前にリニエンシーを申請。その結果、課徴金を全額免除された。

米司法省と欧州委員会に対しては、住友電工のリニエンシー申請が1位となり、ペナルティーを免れた。仮に同社のリニエンシー申請が欧州委に認められていなかった場合には、違反

2－4表　ワイヤーハーネス・カルテル事件の各国・地域当局によるペナルティー

日本

会社名	排除措置命令受命件数	課徴金納付命令受命件数	課徴金額
矢崎総業	5件	5件	96億713万円
住友電気工業	—	3件	21億222万円
フジクラ	1件	1件	11億8232万円
古河電気工業	—	—	—
合計			128億9167万円

米国

会社名	会社に対する罰金	個人に対する処罰（罰金は省略）
古河電気工業	2億ドル	3人に禁錮刑
矢崎総業	4億7000万ドル	6人に禁錮刑（他部品含む）
フジクラ	2000万ドル	2人を起訴
住友電気工業	—	—
合計	6億9000万ドル	禁錮刑9人、起訴2人

欧州連合（EU）

会社名	制裁金
矢崎総業	1億2534万1000ユーロ
古河電気工業	401万5000ユーロ
SYS（矢崎総業子会社）	1105万7000ユーロ
レオニ（ドイツ）	137万8000ユーロ
住友電気工業	—（2億9163万8000ユーロを全額免除）
合計	1億4179万1000ユーロ

企業の中で最大の2億9163万8000ユーロの制裁金が科されるはずだった。

ある関係者によると、米司法省への自首は、住友電工が古河電工に「7時間」先んじた。この7時間の差が、その後の自動車部品カルテル事件の展開を大きく左右することになった。

当時のワイヤーハーネスの世界シェアは、矢崎総業が約30％、これに住友電工の約24％、米デルファイ・オートモーティブの約17％が続く。この3社でほぼ7割を占める。古河電工は約4％で、3強の後塵を拝している。

住友電工は、前述の米業界誌『オートモーティブ・ニュース』の売上高ランキングで世界14位。日本勢ではデンソー、アイシン精機、矢崎総業、パナソニックオートモーティブシステムズ（パナソニック株式会社オートモーティブ社）に次ぐ大手だ。ワイヤーハーネスだけでなく、電子部品、防振ゴムなど幅広い自動車部品を製造している。2019年3月期の売上高で比べると、住友電工は約3兆1780億円と、古河電工（約9916億円）の3倍強の規模だ。

住友電工は、古河電工を抑えて米司法省へのリニエンシー申請1位となり、調査への全面的な協力を求められた。その結果、同社が手掛ける幅広い自動車部品について、カルテル情報が司法省にもたらされた。

関係者は、「米司法省へのリニエンシー申請1位が古河電工ではなく、住友電工だったために、大変な悲劇が起きた」と話す。

2－5表　デンソーの刑事・民事調査対象品（米国）

デンソーの刑事調査対象製品	司法取引	デンソーの民事訴訟対象製品（競合社の刑事調査対象製品）
	2011/9/29	ワイヤーハーネス
ボディー電子制御装置	2012/1/30	フューエルセンダー
ヒーターコントロールパネル	2012/1/30	制御パネル
	2013/7/15	点火コイル
	2013/7/18	HID バラスト
	2013/9/20	車用空調機器
	2013/9/24	オルタネーター
	2013/9/24	スターター
	2013/9/25	エアフロメーター
	2013/9/25	自動トランスミッションフルードウォーマー
	2013/9/25	燃料噴射装置
	2013/9/25	インバーター
	2013/9/25	モータージェネレーター
	2013/9/25	ラジエーター
	2013/9/25	バルブタイミング制御装置
	2013/9/26	パワーウインドーモーター
	2013/9/26	ウインドシールドウォッシャー装置
	2013/9/26	ウインドシールドワイパー装置
	2014/8/18	点火プラグ、酸素濃度センサー、空燃比センサー
	2015/11/16	セラミック基板

"Bringing Light to the DOJ's Cartel Fine Methodology with the Auto Parts Plea Agreements" ,The Antitrust Bulletin, SAGE, Nov.27, 2018 を基に作成

世界2位、日本で最大の自動車部品メーカーであるデンソー（19年3月期の売上高5兆3628億円）も調査対象になった。デンソーもまた、米司法省の調査に積極的に協力した。協力対象はやはり広範にわたった。

2－5表は、デンソーの調査対象製品を、刑事、民事別に分類したものだ。同社製品で刑事調査の対象となったのは、ボディー電子制御装置とヒーターコントロールパネルの2品目にとどまった。同社はこの2品目について、早々と米司法省と司法取引を結んだ。その一環として、捜査に全面的に協力した。見返りに、2品目とも、罰金は量刑ガイドラインの下限から60％も減額された。

その上、ワイヤーハーネスからセラミック基板まで20品目にわたる製品については、刑事調査の対象から外された。表の右端の「デンソーの民事訴訟対象製品（競合社の刑事調査対象製品）」の司法取引の年月日は、競合社が初めて米司法省と司法取引を結んだ日付だ。デンソーが司法取引を締結した2012年1月30日以降、さまざまな製品について、競合社が次々に司法取引に追い込まれていった状況が見てとれる。

デンソーもこれら20品目について民事では和解金を支払うなど相応の代償は払ったが、刑事に関しては、アムネスティープラスを利用するなどして自首し、捜査協力の見返りに、訴追を免れたのである。

デンソーは米国にとどまらず、中国やブラジル、インド、南アフリカなど各国の当局にも自首した。自動車部品で日本最大手のデンソーが巻き込まれたことで、自動車部品カルテル事件は文字通り5大陸に飛び火した。デンソーが関与した品目の多さから、「デンソーが自動車部品カルテルのハブ（中心）だった」（米業界誌『オートモーティブ・ニュース』）との見方もある。

デンソーは各国当局の調査に協力した結果、自動車部品カルテル関連の金銭的ペナルティーを総額約88億円に抑えることができた。住友電工も、米司法省と欧州委員会という、厳罰姿勢で知られる二つの当局にリニエンシーを一番手として申請した結果、金銭的ペナルティーは世界全体で約69億円にとどまった。

自動車部品カルテル事件では米国だけでも1億ドルを超える罰金を科された日本企業が9社にも及んだことを考えると、売上高の割には、デンソー、住友電工両社は相対的に少ないペナルティー負担で済んだと言える。

生かさず殺さず

かつて、テキサス州にエンロンというエネルギー卸売企業があった。急成長し、米国最大規模のエネルギー企業にのし上がった。その背景には、不正会計処理があった。行き着いた先は、

160億ドルを超える負債を抱えての破綻だった。グループ全体で2万1000人の従業員が路頭に迷うことになった。2001年、クリスマスの3週間前だった。

大手会計事務所アーサー・アンダーセンも、エンロンの不正会計に関与したとして訴追された。アンダーセンは当時、会計「ビッグ5（ファイブ）」の一つだった。

アンダーセンは2002年6月、司法妨害を働いたとして有罪判決を受けた。50万ドルの罰金と、5年間の保護観察処分が科された。当時の平均的なレートである1ドル＝125円で換算すると6250万円。アンダーセンにとって大した額ではなかった。

しかし、結果的には「死刑判決」を意味した。証券取引委員会（SEC）は、有罪となった会計事務所からは監査関連書類を受理できない。そのためアンダーセンは業務が成り立たず、顧客が一斉に去っていったのだ。

展開は急だった。8月、アンダーセンは事業の継続が困難になり、監査業務から撤退。約90年の歴史に幕を閉じた。世界中で8万5000人、米国内で2万6000人に上る従業員が職を失った。

アンダーセンは、有罪判決に伴う直接の処罰のために閉鎖に追い込まれたのではなかった。有罪判決を受けて顧客離れが加速するという付随的結果によって消滅したのだった。

その結果、会計事務所は「ビッグ5」が「ビッグ4（フォー）」になった。皮肉なことに、競合するプレーヤーが減り、競争も減じたことになる。

後日談がある。2005年5月、連邦最高裁判所はアンダーセンに対する有罪判決を破棄した。後の祭りだった。アンダーセンが蘇ることはなかった。

アンダーセンが起訴されて10年目に当たる2012年3月14日、同社の本拠地だったシカゴの有力紙『シカゴ・トリビューン』は、「アンダーセン閉鎖の最大の悲劇は何か。それは無駄死にだったことだ」と総括した。[7]

そのころ、他の企業の不正会計も次々に明るみに出た。これを受け、企業に内部監視の強化と適正な情報開示を義務づける米企業改革法（サーベンス・オクスレー法）が制定された。

付随的結果によってアンダーセンが閉鎖に追い込まれたのを受け、別の副産物ももたらされた。不祥事への対処の仕方が厳しすぎれば、企業が破綻するなどして最終的には雇用が失われる恐れがある。負の影響が米国の経済・社会に及ぶ可能性がある、との反省が広がったのである。

これを受け、付随的結果を回避し、経済や社会全体に悪影響を及ぼさないようにするため、不正の調査に企業が協力する見返りに摘発を猶予したり、摘発を免除したりする措置が積極的に活用されるようになった。前者は訴追猶予合意（ＤＰＡ）、後者は不起訴合意（ＮＰＡ）と呼ばれる。[8]

引き換えに、企業は巨額の制裁金などを支払うことで米司法省と和解する必要がある。たとえば、大規模なリコール（回収・無償修理）に発展したトヨタ自動車の急加速問題。トヨタは2014年、米司法省とDPAを締結。その中には、12億ドル（当時のレートで約1350億円）の制裁金を支払うことが盛り込まれた。

DPA、NPAは、1990年代以降、米司法省刑事局が使い始めた。日本大学法科大学院の客員教授、杉浦保友によると、広く利用されるようになったのは、アンダーセン破綻の翌年、2003年以降のことだ。

杉浦教授によると、DPA、NPAは、①被告人が検察の捜査に継続的に協力する義務を負う②当局、企業ともに裁判に伴うコストを回避できる——という点で、有罪答弁を伴う従来の司法取引と類似している。ただ、DPA、NPAでは、企業は裁判所での正式な有罪答弁を要求されない。その分、企業にとってコストはさらに低減される。

トヨタの場合、DPAには3年間の保護観察処分が盛り込まれた。無事経過したため、2017年に刑事訴追見送りが正式に承認された。

米司法省反トラスト局が管轄しているカルテル事件では、これまでDPAやNPAが使われた例は限られている。ただ、反トラスト局も、角を矯めて牛を殺すことを良しとしているわけではない。反トラスト局次長（当時）のブレント・スナイダーは2014年、「われわれとしては（カルテル参加者に）相応の痛みを負担してもらいたいが、同時に存続することも願っている。〔企業を破綻に追い込んで〕競争を低減させることがわれわれの仕事ではない[9]」と語っている。

カルテル事件の場合も、罰金は巨額となり得る。支払いが重くのしかかって企業が破綻すれば、雇用面などで米経済に悪影響が及ぶ。企業が消滅して競合企業の数が少なくなれば、その分、競争も減る。それでは本末転倒だ。米当局にとって、アンダーセンを閉鎖に追い込んだことは、苦い教訓となったのである。

そのため、反トラスト法に違反した企業に対しても、支払い能力に応じて相応の罰金を召し上げるが、その一方で、企業を存続させるという「二項両立」が追及される。連邦量刑ガイドラインには、罰金の支払い能力を勘案し、企業に対する罰金の減額を認める措置が盛り込まれている。

たとえば、自動車部品カルテル事件でミツバは2013年9月、ワイパーシステムやスターターモーターなど広範な自動車用電装品をめぐって価格調整などに関与したとして1億3500万ドルの罰金を科された。これを受けて同社は2014年3月期第2四半期決算で、132億7500万円を特別損失として計上した。

しかし、量刑ガイドラインでは、罰金額の下限はその5倍の6億7200万ドルとなっていた。実際にこの額が適用されていたら、反トラスト法違反による日本企業への罰金として、矢崎総業が支払った5億ドルを抜き、最高額になるところだった。

結局、米司法省は、ガイドラインに沿った罰金を科せばミツバは破綻し、米国内で数千人の雇用が失われる恐れがあるとして、罰金の大幅減額を提案。最終的に裁判所も、1億3500万ドルであれば「存続を断念することなく支払える額」だと認定した。判決では、1000万ドルを30日以内に、残りは毎年2500万ドルずつ分割して、5年かけて納めるよう言い渡された。[10]

リニエンシーオンリーの見直し

2019年7月、米司法省反トラスト局は、企業が「実効性のあるコンプライアンスプログラム」を導入し、それがきちんと機能していると評価できる場合、有罪答弁をして巨額の罰金を支払う代わりに、司法省とDPAを締結することを認める新たな方針を発表した。

前述の通り、反トラスト局がこれまで、反トラスト法違反を犯した企業にDPAを適用することはほとんどなかった。企業としては、リニエンシーを申請することが最優先課題だった。1番手として受理されれば罰金は100％免除、1位以外はほぼ、司法取引を余儀なくされていた。

反トラスト局長のマカン・デルラヒムは2019年7月、ニューヨーク大学ロースクールで講演し、こうした「オール・オア・ナッシング哲学」を見直し、企業のコンプライアンスプログラムについて「客観的な評価」を行う考えを表明したのである[11]。この新方針は即日実施された。

新方針の下では、カルテルに関与した企業がリニエンシー申請による制裁免除を勝ち取れなかった場合でも、実効性のあるコンプライアンスプログラムを導入していると反トラスト局からお墨付きをもらえれば、DPAを締結することができる。前述のように、DPAを締結した企業が一定期間、再犯などを犯さなければ、起訴は取り下げられ、無罪放免となる。

米司法省が連邦検察官向けに策定した「司法マニュアル（旧連邦検察官マニュアル）」によれば、DPAは「不起訴処分と有罪判決の中間」に位置すると考えられている。

英アレン・アンド・オーヴェリー法律事務所は、「反トラスト局はリニエンシーオンリー方針から、コンプライアンスにインセンティブを与える方針に見直しをしているようだ」と指摘した。

反トラスト局にとっては、1993年に法人向けの新リニエンシー制度を打ち出して以来となる「変革の風」（デルラヒム局長）となった。

反トラスト局の新方針に、NPAは採用されなかった。リニエンシーが受理され、制裁が免除される場合と、条件付きながら起訴が見送られるNPAは、だぶりになるからである。これまでも、また今後も、制裁が100％免除されるのは、1番手としてリニエンシー申請に成功した場合のみとなる。

企業にとってポイントとなるのは、反トラスト局がDPA締結の前提として、どのようなコンプライアンスプログラムを評価するかだ。反トラスト局はその点について指針[12]を公表し、プログラムが①よく設計されているか②真摯かつ誠実に適用されているか③機能しているか――の3点を挙げている。

さらに、審査の対象となる、コンプライアンスプログラムに含まれるべき要素として、①設計および包括性②企業内のコンプライアンスの文化③責任者および専従の従業員④リスク評価の技術⑤従業員のトレーニングおよびコミュニケーション⑥継続的な見直し・評価・改訂を含むモニタリングおよび監査の技術⑦報告制度⑧奨励および懲戒⑨是正手段――を列挙している。

反トラスト局が総本山

DOJ。米司法省の略称だ。「ディーオージェー」と呼ばれる。カルテルの取り締まりは、

2－6写真　米司法省

The Robert F. Kennedy Building from the corner of Constitution Avenue, NW and 10th Street.

米司法省ホームページより
https://www.justice.gov/sites/default/files/jmd/legacy/2014/06/30/75RFKBuilding.pdf

司法省の1部局である反トラスト局が管轄する。カルテルへの関与が疑われている企業の幹部が「ディーオージェーの調査を受けた」と言えば、反トラスト局が捜査に乗り出したことを意味する。

司法省のトップは司法長官（Attorney General）。司法長官は閣僚に序せられている。トランプ政権の初代司法長官を務めたのは、上院議員出身のジェフ・セッションズだった。

トランプ大統領は2016年の大統領選でオバマ前大統領を「史上最悪の大統領」とこきおろしたが、閣僚人事でも「オバマ政権からの急旋回を体現する顔触れ」（米メディア）をそろえた。

セッションズも、オバマ政権の移民政策に強硬に反対してきたことで知られ、トランプ色の濃い政治家の1人だった。

ただ、セッションズは結局、ロシアによる米大統領選介入疑惑の捜査をめぐって不満を募らせたトランプ大統領によって、2018年11月、事実上更迭された。2019年2月、ブッシュ（父）政権で司法長官を務めたことのある、保守派の弁護士ウィリアム・バーが後任に起用された。

一般的には、司法長官は政治色の薄い閣僚とされる。たとえばロレッタ・リンチ。2015年、ニューヨーク連邦検事から、オバマ前大統領に抜擢された。オバマが指名に当たり、「30年にわたる職歴を通じ、粘り強く公正で、独立独歩の法曹家として名をはせてきた」と紹介したように、法曹畑一筋だった。ちなみにリンチは黒人女性初の司法長官だ。

反トラスト法を管轄する反トラスト局は、Antitrust Division の直訳だ。ディビジョンと言えば、日本語では企業や行政組織の部や課に相当する。語感からはあまり威厳は感じられない。日本ではなじみの薄い部局だ。

しかし、司法省内では、日本では同じく「局」と訳される連邦捜査局（ＦＢＩ）や麻薬取締局（ＤＥＡ）などと並び、強大な権限を持った執行機関なのである。

反トラスト局は、カルテル事件の取り締まりなどで、米国で唯一、全国的な警察的捜査や逮捕の権限を持っている組織だ。誘拐、銀行強盗、テロ、麻薬事件、ホワイトカラー犯罪など州をまたぐような大規模な犯罪の捜査を受け持つFBIと連携して捜査に当たる。

そのFBIも、司法省を構成する1部局だが、トップの長官は司法長官と同じく大統領に指名される閣僚だ。FBI長官は基本的には、司法長官と対等の立場だ。

反トラスト局のトップは、日本では通常、反トラスト局長と呼ばれる。正式名称はAssistant Attorney General。「法の執行全般についての最高地位者たる法務総裁（Attorney General、司法長官）」の「補佐官」を意味する。[13] 日本語では正式には「司法次官補」の訳語が当てられる。

米国のメディアでは、chief/top antitrust cop（反トラスト法違反取り締まりの責任者）などと呼ばれている。

現職はマカン・デルラヒム。反トラスト局長の下には、6人の反トラスト局次長（Deputy Assistant Attorney General、司法副次官補）がおり、それぞれ実務を監督している。

「反トラストを再び偉大に」

マカン・デルラヒムは1969年11月2日、イランの首都テヘランで生まれた。ユダヤ人のデルラヒム一家は、1979年のイラン・イスラム革命を受け、政治難民として米国に渡った。「政治的な動乱から逃れるためだけではなく、家族にとってより良い生活を求める目的もあった」[14]と、デルラヒムは振り返っている。

9歳で移住したデルラヒムは、当初、英語を一切話せなかった。学業に励み、その傍ら、大学進学まで、放課後や週末は父親がロサンゼルス近郊で営んでいたガソリンスタンドで働いた。父親の事業は成功を納め、「より良い生活」は実現した。デルラヒムは、「アメリカンドリームを強く信じるようになった」。

デルラヒムはカリフォルニア大学ロサンゼルス校（UCLA）で生理学を学んだ後、ワシントンDCのジョージ・ワシントン大学ロースクールで法務博士号を取得。「科学を愛している」というデルラヒムは、さらにジョンズ・ホプキンス大学で、バイオテクノロジーの修士号を取得した。

デルラヒムは上院司法委員会の専門スタッフを務めるなどした後、2003年に司法省反トラスト局次長に抜擢された。33歳の若さだった。当時の発言が残っている。

「カルテル取り締まりは司法省の最優先事項であり、すべての競争当局にとって最優先課題であるべきだと考えている。カルテルは自由市場経済に対する侵害である。カルテルは価格を押し上げたり、供給を制限したり、効率を阻害したり、イノベーションを抑制したりするからだ」[15]

デルラヒムは、十数年前からぶれることなく、正統派の「アンタイトラスト・コップ」だ。反トラスト局勤務後、弁護士事務所で企業の代理人やロビイストとして活動した後、2017年1月、大統領選に勝利したドナルド・トランプの法律顧問に就任。3月、反トラスト局長に指名された。

デルラヒムは指名された直後、『ニューヨーク・タイムズ』とのインタビューで、「自分の価値観が自己責任、勤勉、個人の権利の尊重、政府の役割の限定化を評価するといった保守主義の考え方と一致していると認識するようになった」[16]と、自らの信条を語っている。その言葉通り、デルラヒムは根っからの共和党支持者だ。

ただ、民主党議員の下で法案策定に関わったことのある弁護士は同紙に対し、「彼は保守主義者だが、動機付けはイデオロギーではなく、現実主義に基づいている」と評している。頑迷な保守主義者ではなく、柔軟な現実主義者のようだ。

デルラヒム率いる反トラスト局の執行方針について、米法律事務所オリック・ヘリントン&サトクリフは2017年4月3日付リポートで、次のように予想していた。

「デルラヒム氏のバックグラウンドから見るに、より伝統的な、保守主義的なアプローチが取られる公算が大きい。オバマ政権下における反トラスト局による、より活発なアプローチから路線が変更される可能性がある。われわれはカルテル取り締まりにおいては積極的な、企業結合に関してはそれほど積極的ではない執行がなされるとみている」

デルラヒムが指名された当時は、こうした見方が大勢だった。伝統的に、民主党政権下では民間企業の活動に対する政府の姿勢は厳しく、共和党政権は産業界寄りとされている。この図式を当てはめ、デルラヒム新局長の下でも、特に企業の合併・買収（M&A）の分野に関しては、産業界に宥和的になるとみられていた。

一方で、デルラヒムは反トラスト局勤務経験もあるだけに、カルテルに対しては厳罰主義を維持するだろうというのが、大方の読みだった。

上院は2017年9月27日、デルラヒムの反トラスト局長就任を承認。デルラヒムは正式に就任した。

最初の大きな決定は、2ヵ月後にやってきた。11月20日、司法省は通信大手AT&Tによるメディア・娯楽大手タイム・ワーナーの買収を阻止するため、コロンビア特別行政区連邦地裁（ワシントン）に提訴したのだ。提供する商品やサービスが競合しない垂直統合の阻止に司法省が動いたのは約40年ぶりだったため、大きなニュースとなった。

AT&Tは2016年10月、ワーナーを854億ドル（当時のレート換算で約9兆6200億円）で買収すると発表していた。柱となる携帯電話事業が伸び悩む中、テレビや映画などの豊富なコンテンツを持つワーナーを傘下に収め、自社の通信網を活用した動画配信サービスなどを強化する狙いがあった。当初、計画は早ければ２０１７年11月末までに条件付きで承認されると予想されていた。

これに対し、デルラヒム率いる反トラスト局は、通信インフラから放送局までを抱える巨大企業が誕生すれば、ワーナーのネットワークを支配し、競合他社や消費者に高い料金の支払いを強いる恐れがあると懸念を表明した。

デルラヒムも「（AT&Tとワーナーの）合併は米国の消費者に多大な打撃を与える。毎月のテレビ受信料は上がり、消費者にとって新たな、革新的な選択肢が少なくなることを意味する」と批判。買収は「違法である」と言い切った。

企業寄りとみられていた共和党政権下で、真逆の介入が行われたことに、誰もが驚いた。だが、デルラヒムは出鼻をくじかれる。２０１８年6月、連邦地裁は、AT&Tによるワーナー買収計画をあっさり承認したのだ。

それを受けて司法省は8月、連邦地裁の判断を不服として、連邦控訴裁判所に上訴。しかし、翌２０１９年2月、連邦控訴裁はまたもや司法省の訴えを退けた。買収計画を認める連邦地裁の判断を支持したのである。司法省はこれを受け、連邦最高裁判所への上訴を断念。デルラヒムにとって、最初の大きな敗北となった。

そもそも、AT&Tによるワーナー買収計画をめぐっては、トランプが選挙キャンペーン中に反対を表明していた。2016年10月のペンシルベニア州ゲティスバーグでの演説では、「わが政権では買収を承認しない」と明言していた。自身に批判的な報道を展開する、ワーナー傘下のニュース専門局CNNへの不満が背景にあるというのが、もっぱらの見方だった。

トランプのゲティスバーグ演説と同じころ、デルラヒムはカナダの放送局BNNとのインタビューで、AT&Tによるワーナー買収は同業のライバル企業同士が合併する「水平統合」ではなく、異業種同士の「垂直統合」であるため、「反トラスト法上、大きな問題になるとは思わない」（2016年10月24日）と語っていた。

反トラスト局長に就任したとたん、「問題なし」から「買収阻止」に考えを180度転換したことになる。デルラヒムは変節したのだろうか。反トラスト局長に抜擢してくれたトランプ大統領への忖度が働いたのだろうか。

こんなエピソードがある。デルラヒムが上院で反トラスト局長就任の承認を受けた後、司法省に初登庁したときのことだ。迎えた職員に、"Makan Antitrust Great Again"というロゴ入りの帽子をプレゼントされたのだ。[17]

このロゴは、トランプが選挙キャンペーン中に連呼した"Make America Great Again"（アメリカを再び偉大に）のもじりであることは誰にでも分かる。Make に、デルラヒムのファーストネームMakanを引っかけたのだ。したがって意味は、「反トラストを再び偉大に」ということになる。

デルラヒム自身は、AT&Tによるワーナー買収計画を連邦地裁に提訴したことについて、「反トラスト局が審査している本件、もしくは他の案件に関してホワイトハウスから指示されたことはない」と釈明している[18]。

AT&Tの最高経営責任者（CEO）ランドール・スティーブンソンはこれに対し、「部屋にいるゾウ」が問題の根底にあると反発した。

「部屋にいるゾウ」とは、明らかに誰もが気づいているのに、あえて触れないようにしている話題、という意味だ。司法省による介入は、政権から直接指示されたものではないかもしれないが、個人的にCNNを嫌っているトランプの意向を汲んだものではないかとの見方だ。

米大手法律事務所の競争法に詳しい米国人弁護士も、AT&Tによるワーナー買収計画に対する司法省の対応について、「政治的な配慮も働いたのではないかと思う」と話す。

M&Aに関しては司法省の判断に政治的な影響が及んでいる可能性が取りざたされているのに対し、カルテル取り締まりに関しては、そうした影響はなさそうだ。

英紙『フィナンシャル・タイムズ』は、トランプ政権になってから司法省による反トラスト法違反事案の新規の摘発件数がほぼ50年ぶりの低水準に落ち込んでいると指摘。裁判でも負けるなど、執行状況が低調になっていると分析している。[19]
しかし、反トラスト局がカルテル取り締まりの手を緩めたとみるのは早計だ。一時的に摘発件数は減少しているかもしれないが、中長期的には、カルテル事件に対する厳罰姿勢は維持される公算が大きい。リニエンシー申請件数も、以前に比べて減っているわけではないとの指摘もある。
元反トラスト局長ビル・ベアは２０１４年、次のように語った。指摘は現在でも有効と言えよう。

競争による利益を消費者にもたらすことを否定するような企みが自由市場にとどまる余地はなく、厳罰に値するという広範なコンセンサスが米国には存在しており、カルテルの探知、訴追に向けたわれわれ〔司法省〕の取り組みが成功を納めているのは、そうしたコンセンサスを反映している。党派は関係ない。現政権〔当時はオバマ政権2期目〕も、これまでの各政権も、カルテルの取り締まりを最優先課題としてきた。われわれの取り組みは引き続き、議会による強い支持を得ている。[20]

ベーカー&マッケンジー法律事務所の弁護士、井上朗は、「一度痛い目に遭った企業は5年、

10年は気を付けるかもしれないが、そうでない企業は油断しがちだ」と警告する。

近年、日本企業の間ではコンプライアンス体制がにわか仕立てで強化された反動もあり、早くも「コンプライアンス疲れ」が一部に見られると指摘する向きもある。

2005年に「談合決別」を宣言したはずのゼネコン大手が、リニア中央新幹線工事の入札などで談合を繰り返した事例もある。

ある関係者は、「カルテル・談合は地方ではまだ横行している。だからゼネコンも地方の工事はやりたがらない。やると巻き込まれてしまうからだ。公取委もそれを分かっているが、手を付けられていない。あまりにも案件が多すぎるのと、〔規模が〕小さすぎるからだ」と話す。

企業体質を含めた文化を根本的に変えるのは容易ではない。米司法省は、日本企業が再びボロを出すのを虎視眈々と待ち構えているのである。

注

1 J・H・シェネフィールド、I・M・ステルツァー『アメリカ独占禁止法 実務と理論 改訂版』

2 “Au Optronics Corporation Executive Sentenced for Role in LCD Price-Fixing Conspiracy”,

Department of Justice, April 29, 2013

3 Donald C. Klawiter, “Antitrust criminal sanctions: The evolution of executive punishment” Competition Policy International Vol.8 No.1 Spring 2012

4 米軍から司法省など行政機関に至るまで、孫子を愛読している米当局者は多い。中心となる教えはもちろん、「彼れ［敵］を知りて己れを知れば、百戦して殆うからず」である。

5 Bill Baer, “Prosecuting Antitrust Crimes”, September 10, 2014

6 北博行「自動車部品カルテルに対する日米競争当局の措置と法的問題点」『国際商事法務』Vol.41,No.6(2013)、国際商事法研究所

7 “Andersen died in vain”, Chicago Tribune, March 14, 2012

8 NPAは文字通り起訴されないので「不起訴」合意、DPAは最終的には起訴が取り下げられるケースが多いものの、手続き上、略式起訴（information）されるため、「起訴猶予」合意ではなく、「訴追猶予」合意とした（深水大輔「『企業訴追の諸原則』（Principles of FederalProsecution of Business Organizations (U.S.Attorney's Manual Title 9-28)）の紹介」『信州大学経法論集1』２０１７年参照）。

9 “Just one more fix”, The Economist, Mar 29th 2014

10 Seth C. Farber, Jeff Litvak, Lauren E. Duxstad, and Geoffrey Ihnow, “Criminal Antitrust Fines and Penalties: Reductions Based on Ability to Pay”, 'Antitrust, Vol.31, No.2, Spring 2017, the American Bar Association

11 Makan Delrahim, “Wind of Change: A New Model for Incentivizing Antitrust Compliance Programs”, July 11, 2019

12 U.S. Department of Justice Antitrust Division, “Evaluation of Corporate Compliance Programs in Criminal Antitrust Investigations”, July 2019

13 佐藤一雄『アメリカ反トラスト法—独占禁止政策の原理とその実践—』

14 反トラスト局長就任後初の公式講演。Makan Delrahim, “International Antitrust Policy:Economic Liberty and the Rule of Law”, October 27, 2017

15 Makan Delrahim, “Antitrust Enforcement Priorities And Efforts Towards International Cooperation At The U.S. Department Of Justice”, November 15, 2004

16 “How Trump’s Pick for Top Antitrust Cop May Shape Competition”, The New York Times, April 25, 2017, 電子版

17 “AT&T Deal Puts Trump’s Antitrust Cop at Center of a Political Storm”, The Yew York Times, Nov. 9, 2017, 電子版

18 “Who is Makan Delrahim, the Trump antitrust chief? ”, CNN, November 9, 2017, テキスト版

19 “US antitrust enforcement falls to slowest rate since 1970s”, Financial Times, November 28, 2018

20 Bill Baer, “Prosecuting antitrust crimes”, September 10, 2014

第3章　日本人に禁錮刑

アメリカでは犯罪者は人類の敵であって、人間全部を敵にまわす。
トクヴィル『アメリカのデモクラシー』

日本人狩り？

「私は日本企業をまったく信用しない。『ライジング・サン』を見れば分かる」

20年以上前、ある国際カルテル事件で日本企業の代理人を務めた日本人弁護士は、米司法省の検事に面会した際、いきなりこう言われた。

『ライジング・サン』はショーン・コネリーが出演した1993年制作の映画だ。インターネットサイト「映画.com」によると、「日米経済摩擦を背景に、複雑な殺人事件の謎に挑む

2人の刑事の活躍を描くサスペンス・ミステリー。内容がジャパン・バッシングであるとして、全米公開時には日系人団体から上映反対の抗議運動が起こって話題を呼んだ」とある。

映画の中で描かれている日本人の言動や日本的な風習は誇張されている。しかし、米司法省の検事がそれを真に受けて日本人弁護士との会話で持ち出すとなると、違和感を覚えざるを得ない。日米経済摩擦という時代背景がそうさせたのかもしれない。

現在では、多数の日本企業が米司法省にリニエンシーを申請し、司法取引を結び、積極的に捜査協力している。その結果、米司法省は自動車部品カルテル事件で大成功を納めた。そのためか、日本企業や日本人ビジネスマンを敵視するような言動は見られなくなった。

それでもなお、数年前の時点では、日本人ビジネスマンの弁護人を前に、「絶対に刑務所に入れてやる！」と、声を荒げる検察官もいたという。

自動車部品カルテル事件では、個人が66人摘発された。タカタの米国法人に勤めていた米国人1人と独コンチネンタルの韓国子会社社員の韓国人1人を除き、残りはすべて日本人だ。米大手法律事務所の競争法に詳しい弁護士は、「まるでスカルプハンティングのようだ」と形容する。

スカルプハンティングとは、西部開拓時代、白人入植者がインディアン狩りの実績を当局に示すため、頭皮の一部を剝いだ行為を指す。インディアンの頭皮を持参すれば、1人分につき

100英ポンドといった報奨金を出す州もあった。

米当局は、カルテル取り締まりで意図的に「日本人狩り」をしているわけではない。差別的な取り扱いをしている証拠は見当たらない。ただ、日本人ビジネスマンが、頭皮を剝がれる代わりに「大量投獄」されている現状を見ると、格好のカモになっている現実は否定できない。

自動車部品カルテル事件では、摘発された個人66人のうち、32人が司法取引に応じ、刑務所に入る道を選んだ。33人は起訴されたにもかかわらず、依然日本国内にとどまっているとみられる（うち3人に対する起訴は取り下げ）。そして2020年2月、韓国人1人がドイツから米国に引き渡された。

反トラスト法違反絡みでは、自動車部品カルテル事件以外にも、ソルビン酸カルテル事件、国際航空貨物運賃カルテル事件、コンデンサー・カルテル事件などで多数の日本人ビジネスマンが起訴されている。それを加えれば、おそらくは日本国内にとどまり、米当局が逃亡者扱いしている日本人ビジネスマンは約50人規模に膨らむ。尋常ではない人数だ。

刑期は1～2年

これまで自動車部品カルテル事件で有罪を認め、連邦刑務所に収監された32人（2020年

2月にドイツから米国に引き渡された韓国人は除く）の刑期は、最短で1年と1日、最長で2年だ。平均は14・4ヵ月となる。1年と1日という期間は半端だが、「刑期が1年を超える場合、模範囚であれば刑期を最長で54日短縮できるため、温情として1日の刑期が付け加えられている」（モリソン・フォースター外国法事務弁護士事務所の渡邉泰秀弁護士）という。

反トラスト法違反全体では、21世紀に入ってから平均収監期間はほぼ20ヵ月で推移しているので、日本人ビジネスマンが特に厳しい処罰を受けているわけではない。

ただ、3－1表にあるように、複数の社員が摘発された日本企業が目立つ。組織ぐるみで不正が行われたことをうかがわせるものだ。

タカタ、デンソー、矢崎総業ではそれぞれ6人の社員が摘発されている。デンソーと矢崎総業の社員は全員が禁錮刑を科された。企業にとっては、手塩にかけて育てた幹部社員を1、2年間、人質に取られるようなものだ。業務上、大きな痛手となるだけでなく、弁護士費用など金銭的な負担ものしかかる。

刑期は1、2年にとどまらない可能性もある。たとえば米海運会社シー・スター・ラインの元社長、フランク・ピークは2013年12月、米本土とプエルトリコ間の海上運賃カルテル事件で摘発され、5年の禁錮刑を言い渡された。ピークは、自動車部品カルテル事件で禁錮刑を受けた個人の刑期が1～2年であるのと比べると長すぎるとして連邦控訴裁判所に上訴。しか

3－1表　自動車部品カルテル事件で摘発された個人

会社名	個人	有罪答弁／起訴	禁錮刑
オートリブ	1	有罪答弁	12カ月＋1日
コーニングインターナショナル	2	起訴	
コンチネンタル（独）の韓国子会社	3	引き渡し→有罪答弁	9カ月（名目）
ジェイテクト	4	起訴	
ジーエスエレテック	5	有罪答弁	13カ月
ショーワ	6	起訴	
ダイヤモンド電機	7	有罪答弁	13カ月
	8	有罪答弁	16カ月
タカタ	9	有罪答弁	19カ月
	10	有罪答弁	16カ月
	11	有罪答弁	14カ月
	12	有罪答弁	14カ月
	13	起訴	
	14	起訴	
ティラド	15	有罪答弁	12カ月＋1日
	16	起訴	
デンソー	17	有罪答弁	12カ月＋1日
	18	有罪答弁	16カ月
	19	有罪答弁	14カ月
	20	有罪答弁	15カ月
	21	有罪答弁	12カ月＋1日
	22	有罪答弁	12カ月＋1日
東海興業	23	起訴	
東海理化	24	起訴	
東洋ゴム工業	25	起訴	
	26	起訴	
	27	有罪答弁	12カ月＋1日
豊田合成	28	有罪答弁	12カ月＋1日
西川ゴム工業	29	起訴	
	30	有罪答弁	18カ月
	31	起訴	
	32	有罪答弁	14カ月
日本精工	33	起訴	
日本特殊陶業	34	起訴	
	35	起訴	
パナソニックオートモーティブシステムズ	36	起訴	
日立オートモティブシステムズ	37	有罪答弁	15カ月
	38	起訴	
	39	起訴	
	40	起訴	
フジクラ	41	起訴	
	42	起訴	
ブリヂストン	43	起訴	
	44	起訴	
	45	起訴	
	46	有罪答弁	18カ月
古河電気工業	47	有罪答弁	18カ月
	48	有罪答弁	15カ月

会社名	個人	有罪答弁／起訴	禁錮刑
	49	有罪答弁	12カ月＋1日
マルヤス工業	50	起訴→取り下げ	
	51	起訴→取り下げ	
	52	起訴	
	53	起訴→取り下げ	
ミツバ	54	起訴	
	55	起訴	
	56	有罪答弁	13カ月
三菱電機	57	起訴	
	58	起訴	
	59	起訴	
矢崎総業	60	有罪答弁	24カ月
	61	有罪答弁	14カ月
	62	有罪答弁	24カ月
	63	有罪答弁	15カ月
	64	有罪答弁	14カ月
	65	有罪答弁	15カ月
山下ゴム	66	有罪答弁	12カ月＋1日

（注）会社名はアイウエオ順。各社の個人は米司法省の発表順

し、2015年10月に訴えは退けられ、刑は確定した。

悪質な不正行為を働いた場合、日本人ビジネスマンにも2年を上回る禁錮刑が言い渡される可能性も排除できない。

なぜ実刑を科すのか？

米司法省のプレスリリースなどによると、自動車部品カルテル事件で摘発された日本人幹部社員らは、米国や日本国内など世界各地で会合を開き、自動車メーカーの入札について協議し、モデルごとに納入する部品を割り当て合ったり、価格を調整し合ったりした。会合は機密扱いされ、コードネームを使って互いを呼び合った。こうした行為は米国では

反トラスト法違反の重罪となる。証拠隠滅を図った事例も多い。

米司法省は取り締まり方針として、「カルテル行為の抑止、処罰に向けては個人の責任を問うのが最も効果的なやり方である」と、明確にうたっている。

反トラスト局長マカン・デルラヒムも２０１８年10月３日、上院司法委員会の反トラスト小委員会で証言し、「反トラスト局は刑事執行において有責の企業および企業幹部を含む個人に責任を取らせることに注力している」と強調。２０１７年度（２０１６年10月～２０１７年９月）には、反トラスト法違反で合計30人の個人に禁錮刑が科されたと、実績を誇示して見せた。

世界中のビジネスマンにとって、米国の法律に違反すれば連邦刑務所に収監される可能性があることは、現実味のあるリスクなのである。反トラスト局次長上級顧問（当時）のベリンダ・バーネットは、次のように解説している。

「企業のカルテル行為は個々の従業員を通じてしか行われず、禁錮刑は、経営陣が補償することのできない処罰である。ある企業幹部がかつて元反トラスト局長に語ったように、『金銭面だけなら会社は最終的に償ってくれるが、自由の剥奪という段になると、会社にしてもらえることはない』のである。企業幹部が、罰金が増えてもいいから刑期を短くしてほしいと持ち掛けてくることはよくあるが、刑期が長くなってもいいから罰金を減らしてほしいと頼んでくることはまずない[1]」

米司法省はこうした心理を承知済みだ。個人に禁錮刑を科すことを通じて、カルテルを抑止する効果が最も期待できると考えている。刑務所にぶち込まれるかもしれないという恐怖心を、うまく利用しているのである。

元反トラスト局次長のスコット・ハモンドは2015年2月、日本を訪れて各地で講演した際、「米国企業の幹部は日本企業の幹部に比べて、自らの行為が発覚し、個人的に責任を負わされるのではないかという恐れをより抱いている」と説明した。

ハモンドは具体的な恐れとして、以下のような例を挙げた。

＊連邦捜査局（ＦＢＩ）が、盗聴その他の攻撃的な捜査手法を通じて違反行為を発見するのではないかという恐れ。

＊同僚が違反行為を会社に通報するのではないかという恐れ。

＊会社が、社員に反して、司法省に対し最大限の協力をするのではないかという恐れ。

＊カルテルをしている競合他社が寝返って司法省に違反行為を申告するのではないかという恐れ。

＊顧客企業が、違反行為を通報し、民事の損害賠償請求に利用するのではないかという恐れ。

＊逮捕され、自ら対応させられ、解雇され、そして服役するのではないかという恐れ。

日本人ビジネスマンが属する社会の文化や慣習が米国と異なるからといって、米司法省は斟酌してくれない。違法行為に対しては内外無差別、厳罰主義で米国式のルールを適用してくる。日本流の考え方ややり方から抜けられない日本人ビジネスマンは、イージーターゲットになっている。自分が「敵」に捕捉されていることに気づく前に、訳が分からないまま狙い撃ちにされているのである。

分断作戦

第2章で述べたように、反トラスト局へのリニエンシー申請が受理されれば、会社も社員も免責される。対照的に、リニエンシーを申請しなかった企業や、申請が遅れた企業が訴追された場合、個人にとって過酷な現実が待っている。

米司法省は摘発した企業と司法取引する際、個人の扱いについては、会社の司法取引に含める個人と、取引から排除する個人とに分ける。

個人を会社の司法取引に含めること、あるいはその対象となった個人をカーブイン（carve in）という。3－2図のG～Jがそれに当たる。

3－2図　カーブインとカーブアウト

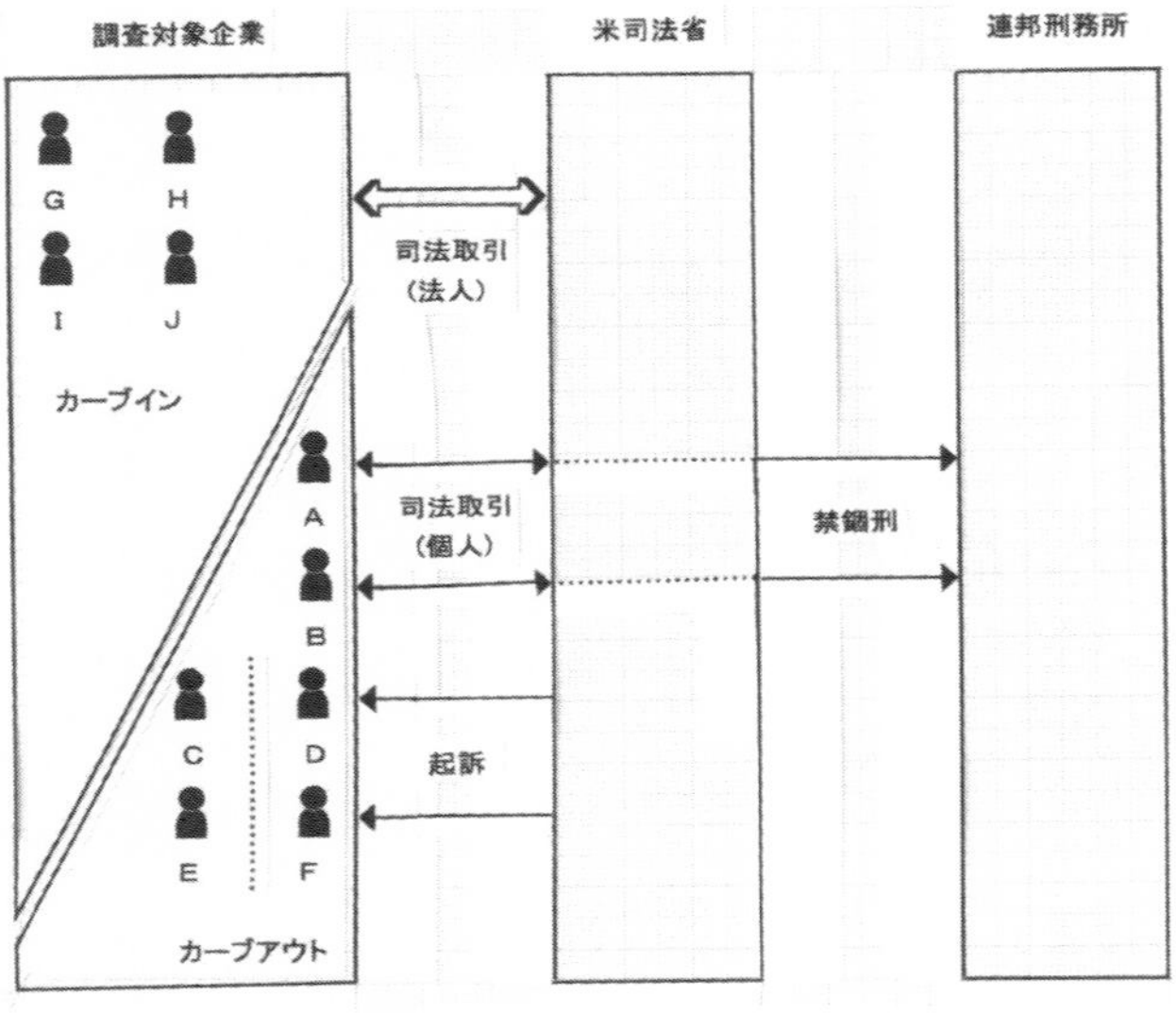

一方、会社の司法取引から排除すること、またはその対象となった個人はカーブアウト（carve out）と呼ばれる。A～Fがそれに当たる。

carveは切り出すという意味で、たとえばcarving knifeは肉切り包丁だ。カーブアウトは、司法取引をめぐる交渉に際して、会社本体から特定の個人が切り離されることを意味する。

反トラスト局の元次長、スコット・ハモンドはカルテル取り締まり方法について、「親にしてこれを離す」（〔敵が〕親しみあっているときはそれを分裂させる）という孫子の教えを引用して説明している。敵軍分断作戦だ。カーブアウト戦術は、まさにそれに当たる。

米大手法律事務所のホワイトカラー事件に詳しいニューヨーク州弁護士は、カーブアウトの対象者について、次のように解説する。

「カーブアウトの対象となる人は当局の捜査に非協力的で、容疑がクロの人だ。当局としては、できるだけ高い地位にある人をカーブアウトしたがる。違法行為を認識していて、かつ止める立場にあった人は、見て見ぬふりをしたと受け止められる恐れがある」

カーブイン対象の個人は、捜査協力と引き換えに、免責される。それに対し、カーブアウト対象者は訴追される可能性がある。カーブアウト対象者は1社当たり1人から数人だ。これまで一緒に仕事をしてきた同僚の中から、米司法省に差し出される生贄が選り分けられることになる。

米司法省が企業に対して、下っ端の社員を1人しか差し出さないなら会社に対する罰金は2億ドルになるが、上級幹部も含めて3人差し出すなら罰金は1億ドルにとどめてもいい、といったような提案をしてくることもあるという。

カーブアウト対象者は、米司法省と会社との交渉から排除され、個人として、米司法省に対峙せざるを得なくなる。さらに、国際指名手配（後述）される可能性が出てくる。

これまでの事例に基づけば、カーブアウト対象者の運命は、大きく分けて3通りに分かれる。3－2図で説明すると、次のようになる（外国企業の中には起訴された社員が米国で裁判に訴えた事例もあるが、日本企業ではそうした事例はないので省略した)。

① 司法取引→収監

米司法省と司法取引を結び、有罪を認めて禁錮刑を受ける。A、Bがそれに当たる。

② 日本国内にとどまる

起訴されたままの状態で、日本国内にとどまり続ける。まず防御を固める将棋の戦法からの類推で、「穴熊」とも呼ばれる。D、Fがそれに当たる。

米国では、刑事事件の被告人は憲法修正第6条によって、陪審裁判を受ける権利を保障されている。裁判を行うには、被告人の出廷が前提となる。そのため、日本人の被告人も、米国に赴いて出廷しない限り、刑事手続きが進められることはない。息を潜めて日本国内にとどまっている限り、「欠席裁判」が行われる恐れはないのだ。国境が防波堤になり、米当局や国際機関によって逮捕されることもない。

③ お咎めなし

カーブアウトされても、必ずしも訴追されるとは限らない。放置される場合もある。C、Eがそれに当たる。

3−3表にあるように、自動車部品カルテル事件では、2015年1月15日時点までの集計で、カーブアウトされた個人は合計72人。そのうち訴追されたのは43人。率にして約60%だ。

3－3表　自動車部品カルテル事件におけるカーブアウトの状況

社名	訴追／カーブアウト	訴追率（%）
古河電気工業	3/4	75
矢崎総業	6/7	85.7
デンソー	6/7	85.7
ジーエスエレテック	1/1	100
フジクラ	2/2	100
TRW	0/1	0
日本精機	0/1	0
オートリブ	0/3	0
東海理化	1/5	20
ダイヤモンド電機	2/2	100
山下ゴム	1/2	50
パナソニック	1/4	25
日立オートモティブシステムズ	4/6	66.7
ジェイテクト	1/3	33.3
ミツバ	1/5	20
三菱電機	3/5	60
三菱重工業	0/1	0
日本精工	1/2	50
ティラド	1/2	50
ヴァレオジャパン	0/2	0
東洋ゴム工業	3/4	75
タカタ	5/9	55.6
スタンレー電気	0/1	0
合計	43/72	59.7

"Trends In Criminal Cartel Enforcement", Law360, January 15, 2015 より作成

10人カーブアウトされたら6人が訴追され、残り4人はお咎めなしというイメージだ（その後に訴追されたケースもあるので、最終的な訴追率は約67％）。

同じ資料によれば、国際航空貨物運賃カルテル事件（2006～12年に企業の処分決定）では合計86人がカーブアウトされ、訴追されたのは16人（訴追率は約19％）にとどまっている。カーブアウトされても、訴追されずに放置されるケースは、意外に多い。

個人が米司法省と司法取引を締結する場合、検察の役割を担う司法省に略式起訴（information）される。最終的には、米国に赴いて裁判所に出頭し、有罪答弁を行う。その後、基本的には、司法取引交渉の過程で弁護士が司法省との間で合意した刑期を、連邦刑務所で服役する。

司法取引に応じない場合には、正式起訴（indictment）される。正式起訴には、大陪審の同意が必要となる。通常、早い段階で司法取引に応じなかった場合、正式起訴されることが多い。

ただ、平山法律事務所の弁護士、平山賢太郎は、「正式起訴されても司法取引の余地はある。ジエンドではない。まだ弁護士の働く余地はある」と話す。正式起訴の後でも、司法省と司法取引することは可能だ。

国際指名手配

伊藤忠商事の会長・社長を務めた丹羽宇一郎から、こんな話を聞いたことがある。「私も知っているある企業の役員は、〔反トラスト法違反で起訴されて〕以来、一切アメリカに出入りできない。いつなんどき、出入国審査でばさっとストップがかけられるか分からない。どの国まで〔国際指名〕手配が行っているか分からない。一切、海外旅行ができなくなってしまった」

丹羽はその役員に、「それはあんた油断しすぎたんだよ。アメリカが悪いんじゃないよ」と諭したという。10年近い米国駐在を含め、多様なビジネス環境を生き抜いてきた元ベテランビジネスマンの言葉だけに、重みがある。

こうした事例のように、起訴されても米国に赴いて裁きを受けない被告は、「逃亡者」の烙印を押される。英語ではfugitive。１９６０年代に米国で放映されたテレビシリーズで、１９９３年にハリソン・フォード主演で映画化された『逃亡者』の原題が、まさに“The Fugitive”だ。脱走者、亡命者などの意味もある。

ただ、日本人の被告人の場合、日本国内にいながら、米国の経済と消費者に損害を与えた疑いがあるとして起訴されたケースがほとんどだ。逃げ帰ったために逃亡者とみなされているの

3－4写真　カルロス・ゴーンの赤手配書

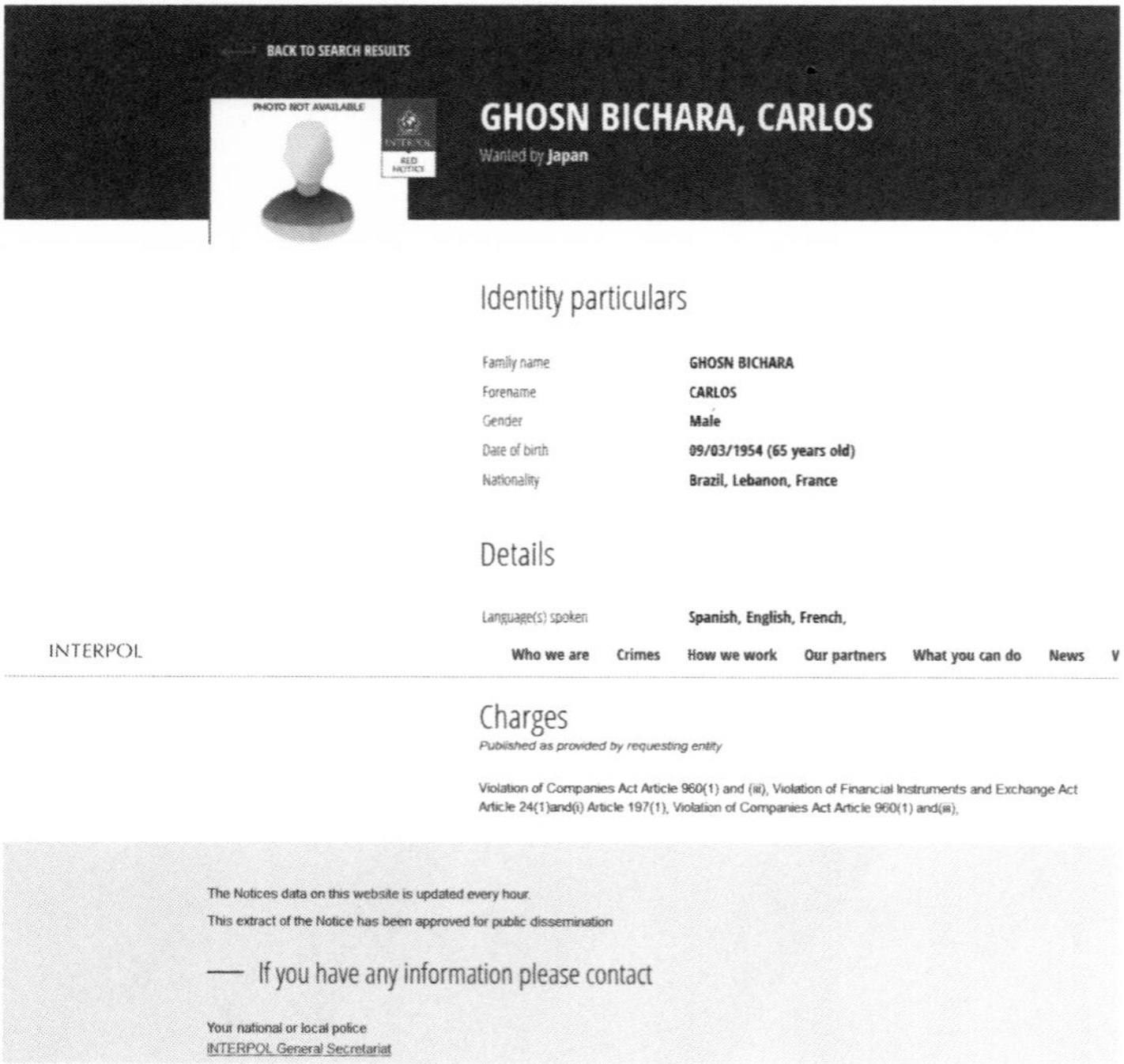

BACK TO SEARCH RESULTS

PHOTO NOT AVAILABLE

RED NOTICE

GHOSN BICHARA, CARLOS

Wanted by Japan

Identity particulars

Family name	GHOSN BICHARA
Forename	CARLOS
Gender	Male
Date of birth	09/03/1954 (65 years old)
Nationality	Brazil, Lebanon, France

Details

Language(s) spoken	Spanish, English, French,

INTERPOL　Who we are　Crimes　How we work　Our partners　What you can do　News　V

Charges

Published as provided by requesting entity

Violation of Companies Act Article 960(1) and (iii), Violation of Financial Instruments and Exchange Act Article 24(1)and(i) Article 197(1), Violation of Companies Act Article 960(1) and(iii),

The Notices data on this website is updated every hour.

This extract of the Notice has been approved for public dissemination

— If you have any information please contact

Your national or local police

INTERPOL General Secretariat

ICPO ホームページより　https://www.interpol.int/How-we-work/Notices/View-Red-Notices#2020-104

ではなく、出頭に応じないために逃亡者扱いされているのである。

その点、同じ逃亡者でも、保釈中の身でありながら日本から違法に出国した日産自動車の元会長、カルロス・ゴーンとは事情が異なる。日本人の場合、日本国内にいるときに、米国の法律に違反した疑いがあるとして、突然、海の向こうで起訴される。日本では普通の市民であるにもかかわらず、法律上は逃亡者となり、国際指名手配される。ゴーンのように誰が見ても逃亡者なのではなく、日本人の被告人はいわば「ステルス逃亡者」なのである。

米当局は逃亡者を国際的な監視下に置くため、国際刑事警察機構（ＩＣＰＯ、本部フランス・リヨン）に通報する。インターポールの通称で知られるこの国際機関は、国際犯罪および国際犯罪者に関する情報の収集と交換などを主な任務としている。加盟国・地域は１９４に及ぶ（２０１９年３月末現在）。非加盟国は北朝鮮や南太平洋の一部の島嶼国など一握りだ。

インターポールといえば、日本ではアニメ『ルパン三世』の銭形警部が有名だ。ただし、ルパン三世を逮捕するため世界中で追い駆けまわすという設定は、アニメならでは。実際には、インターポールは各国・地域の捜査機関の連携の窓口にすぎず、捜査権や逮捕権は持たない。ある国・地域で逮捕権限を持つのは、その国・地域の警察だけだ。

ＩＣＰＯの手配書には、何種類かある。米司法省によって逃亡者扱いされれば、最も緊急度の高い「レッドノーティス」リストに掲載される。「赤手配書」とも呼ばれる。被手配者の身柄の引き渡しを受けるため、身柄の拘束を他の加盟国に要請するものだ。

２０１９年12月末、日本からレバノンに逃亡したカルロス・ゴーンについても、赤手配書が交付された。３－４写真は、インターポールのホームページに掲載されているゴーンに対する赤手配書だ。

マルク・ルブラン『インターポール――国際刑事警察機構の歴史と活動』によると、赤手配書は「犯罪者に関するあらゆる情報（戸籍・特徴・パスポート番号・危険度・犯罪記録など）と指紋や写真を記載し、事件の概要をまとめ、働きかけの法的根拠を明らかにし、連絡先として要請を行った国家中央事務局を明示する」ものだ。国家中央事務局は加盟国・地域の警察機関の窓口で、米国は司法省に、日本では警察庁に置かれている。

反トラスト法違反の容疑で赤手配書を交付された日本人がいったん日本から出国すれば、ＩＣＰＯ加盟国・地域で逮捕される可能性が大きい。逮捕後は、手配を要請した米国に引き渡され、処罰を受けることになるのである。

究極の選択

日本人ビジネスマンが米当局に起訴され、逃亡者の状況に追い込まれた場合、どうすべきかを弁護士に尋ねると、たいていは「ケース・バイ・ケースで判断するしかない」という答えが返ってくる。米国に赴き、刑務所で収監されるとなれば、本人の仕事、家族の生活を大きく左右する。本人の年齢、本人や家族の健康状態、子供の教育など、さまざまな事情が絡んでくる。極めて個人的な問題となる。ＴＭＩ綜合法律事務所の弁護士、戸田謙太郎は、次のように話す。

「〔自動車部品カルテル事件で摘発された個人は〕営業の第一線で働いていた人が多くいます。その後のライフスタイルを考えて、まだ若い人は米国に行って禁錮刑を受け、高齢者は日本にとどまるという傾向があり、その人の年齢が判断の一要因になっているように思われます。日本にとどまれば、いつまでたっても犯罪人扱いされます。日本から出られなくなるのは嫌だ、早く過去のものとしたい、という考えもあります。60歳前後でも米国行きを選ぶ人もいます。決断までが大変です。起訴されるかどうか待つ間、精神的にきついものがあります」

米国に行って裁きを受ける場合と、日本にとどまる場合のメリット、デメリットをまとめると、およそ次のように分類できる。

選択肢A　米国に赴き司法取引を結ぶ

［メリット］

①いったん司法取引に応じて有罪を認め、処罰を受けた後は、米国をはじめ海外への渡航が自由にできるようになる。

②キャリアは一時中断される可能性があるが、服役後は営業担当などに復帰することも可能（米企業と違って、日本企業の場合訴追されても即解雇されることは少ないとみられる）[2]。

③日本国内で実名報道されることはほぼない（ただし社長クラスになると話は別）。

［デメリット］

①有罪を認め、一定期間（これまでの事例では1～2年）、米国の刑務所で服役しなければならない。

②罰金など金銭的な自己負担を強いられる可能性がある（会社が負担してくれる場合もあるが、服役期間中の収入は激減する可能性がある）。

③家族と一定期間、離れ離れになる。

選択肢B　日本国内にとどまり続ける

［メリット］

①出国しない限り、身の安全は確保される。罰金など金銭的な負担がかからない。弁護士費用も会社に負担してもらえる可能性が高い。

②国内に限り仕事を継続できる。

③実名報道されることはほぼない。

［デメリット］

①国際指名手配されるため、海外出張や旅行はあきらめなければならない。

②海外出張の道が閉ざされるなどして、キャリア形成にマイナスとなる。

③米国からの引き渡し要請の恐怖に怯え続けなければならない。実際に要請がなされれば、引き渡され、収監される可能性も否定できない。その場合、確実に実名報道される。

単純化すれば、選択肢Aは、一定期間の不自由（禁錮刑）と引き換えに、最終的に自由を手に入れるやり方。選択肢Bは、強制的な不自由（引き渡し→禁錮刑）のリスクを抱えながら、当面、日本国内限定の自由を確保するやり方だ。いずれにしても、個人にとっては耐えがたいデメリットを伴う。

自動車部品カルテル事件では、摘発された66人のうち、32人が選択肢Aを選び、34人が選択肢Bを選んだ（Bを選んだ1人である韓国人は実際にドイツで身柄拘束され、米国に引き渡された。日本人3人については起訴が取り下げられた）。図らずもほぼ半分ずつに割れたのは、メリット、デメリットが均衡していることの表れかもしれない。まさに究極の選択だ。

米国駐在時に訴追されたら

自動車部品カルテル事件では、個人は日本国内にいるときに米当局に訴追されているケースがほとんどだ。その場合、米当局あるいは日本の当局によって身柄が拘束される心配はない。

会社を首になる公算も小さく、家族と一緒に暮らすこともできる。弁護士など専門家にも常時、日本語で相談できる。

米国滞在時に起訴されたらどうなるのか。

二通り考えられる。まず、出入国審査に引っかかることなく、日本に無事に帰国できた場合。たとえば2007年5月、米ヒューストンで開かれたマリンホースをめぐるカルテル会合に出席していた、日本人1人を含む参加者8人が米国内で逮捕されたが、同じ会合に出席していたイタリア人ビジネスマンは空港での審査をパスし、本国に戻ることができた（後に、このイタリア人は第3国で逮捕され、米国に引き渡された）。

空港などの出入国管理職員に情報が行き渡っていなかったり、あるいは情報が伝達されていてもうっかり見逃したりすることはあり得る。迅速に行動すれば、米国から出国できる可能性もある。違法行為とはならない。運を天に任せることになる。

出国を試みても空港施設などで逮捕される可能性が大きいことを恐れ、日本への帰国を断念する場合はどうなるのか。その場合、米国にいながら司法取引に応じるか、裁判で争うか判断しなければならない。日本で常時、会社が用意してくれた弁護士に相談できる場合と比べると、圧倒的に不利な状況に置かれる。

自動車部品カルテル事件でも、米国駐在時に訴追された日本人ビジネスマンがいる。裁判で争うことも検討したようだが、最終的に司法取引に応じて有罪を認め、1年2ヵ月、連邦刑務所で服役した。

日本にいるときに起訴され、米国に赴いて処罰を受けるのと、米国滞在時に起訴され、処罰を受けるのとでは、決定的な違いがある。

日本国内にいるときに起訴され、米国に渡って司法取引に応じ、米刑務所で服役する場合、刑を終えれば米国を含め、海外に自由に渡航できるようになる。それは、司法取引の過程で確約される。

米国で服役しても、日本国内では犯罪歴として記録に残らない。反トラスト法違反で実刑を受けた後、日本企業の役員になった者もいるくらいだ。

米国滞在中に訴追され、裁判で有罪を言い渡された場合は、話はややこしくなる。

反トラスト法違反の場合、有罪となれば基本的に禁錮刑が科される。米法律事務所の弁護士によれば、刑期が満了すれば、刑務所から直接バスで空港に連れて行かれ、本国行きの航空便に乗せられる。

その場合、米国人が米国内で罪を犯したのと同じ扱いとなり、米国内で通常の犯罪歴として残る。帰国後、再び米国を訪れようとすれば、犯罪歴について「YES」と申告しなければならなくなる。そうすると、入国が許可されない可能性がある。事実上、二度と米国に入れなくなるかもしれないのである。

最大の標的は企業トップ

米司法省が反トラスト法に違反した個人を訴追する場合、標的としたがるのはできるだけ上位の役職だ。ヒラの営業部員よりは営業課長、課長よりは部長、本部長、さらに営業担当の役員、できれば社長だ。

自動車部品カルテル事件で、唯一、社長経験者が禁錮刑を受けた事例がある。東証第2部上場のダイヤモンド電機（大阪市）だ。

同社は2013年7月、点火コイルの販売で反トラスト法違反に問われた。司法取引を結び、1900万ドル（約19億円）の罰金を支払うことで合意した。「自動車部品に係る米国司法省との司法取引契約に関するお知らせ」と題する7月17日付のプレスリリースは、代表取締役社長、池永重彦の名前で出された。

半年後の2014年1月、米司法省は、池永重彦が個人として有罪を認めることに同意したと発表した。16ヵ月の禁錮刑が科された。そのときの肩書は「前社長」に変わっていた。

同時に、「前副社長」の池永辰郎も有罪を認め、13ヵ月の禁錮刑に同意した。

2人は司法取引に先立ち、辞任を申し出て、受理されていた。「カルテル行為が行われたときに（中略）経営の最高責任を負っていた者として、本件カルテル行為に関する責任を引き受け」たのであった。

ダイヤモンド電機はオーナー企業で、池永重彦、辰郎は兄弟である。2人はそろって、ロサンゼルスの北東約160キロの地点にある民間委託の連邦刑務所、タフト矯正施設（CI）に収監された。

2015年9月、米司法省は、日本ガイシが自動車用排ガス浄化装置でカルテルに関与したことを認め、約6500万ドル（当時のレート換算で約78億円）の罰金を支払うことに同意したと発表した。

9月4日付の『日本経済新聞』朝刊によると、「前社長」ら個人3人はカーブアウトされたもようという。その後、この3人の動向については一切、公になっていない。

前述のように、カーブアウトされ、正式に起訴された個人が取り得る選択肢は次の三つだ。

①米国に赴いて司法取引に応じ、禁錮刑を受ける。
②起訴されても日本国内にとどまる。
③米国に赴き、裁判で争う。

①を選んだ場合、これまでの事例から見て1～2年の禁錮刑は免れないとみられる。日本ガ

イシの前社長が司法取引に応じれば、東証一部上場企業の社長経験者が米国で禁錮刑を受ける初めての事例となる。

②を選んだ場合、国外に出ない限り今まで通りの生活を送ることができる。ただし、米国への引き渡しのリスクは消えない。

③は、ふたを開けてみなければ分からない。勝訴すれば日本に戻れるが、敗訴ならほぼ確実に収監される。

米司法省のプレスリリースによると、「日本ガイシと一部の幹部・従業員」は日米で広範な司法妨害を犯した。電子ファイルを削除したり、書類の隠滅を図ったり、上級幹部のパソコンを隠したりと、悪質な行為を働いたとされる。心証は悪い。

しかし、会社の司法取引から4年半が経過したが、3人について表立った動きは見られない。弁護士を通じ、米司法省と何らかの手打ちがなされた可能性もある。いずれにしても、司法妨害まで犯した疑いのある個人を、司法省が理由もなく無罪放免にすることは考えにくい。

注

1　Belinda A. Barnett, "Criminalization Of Cartel Conduct-The Changing Landscape", April 3, 2009

2　米司法省反トラスト局はカルテルの取り締まりで個人の責任追及を優先事項に掲げているが、「有責の従業員の解雇を求めることを通じて企業の人事に介入することはない」（ブレント・スナイダー次長、２０１４年９月９日）とも述べており、日本企業がカーブアウトされた従業員の懲戒解雇を直接的に求められることはない。

第4章　司法妨害

フェルナンド　(や、やばいぞ…！　アレが見つかったら、えらいことになる…！)
捜査官B　んん？　そこのあなた！　いま、カバンの中に何か隠しませんでしたか⁉
フェルナンド　い、いや…。これはべつに…
捜査官B　証拠隠滅は重罪ですぞ‼　いま、そこに隠したものを出しなさい！
フェルナンド　あ！　だ、だめ‼　これはい、いけない…‼

英語のまぐまぐ！『ロドリゲス一家の英会話ドリル』
第102話「アン・ドゥー・トゥロワ」の巻

夜明けの急襲

本章冒頭に掲げた一場面は、英会話の学習のためのインターネットサイトから拾ったものだ。

テキストは英文で書かれており、学習者はもちろんそちらを見なければならないのだが、ここでは対訳を載せた。

英会話の学習者に楽しく学んでもらうために書き下ろされた教材の中にすら、当局による立ち入り検査の際の「証拠隠滅」が題材に使われている。米国社会ではありふれた話題なのだろう。

ちなみにこのくだりは、反トラスト法違反の疑いがあるとして、捜査官が健康産業大手「ラブカロリー社」に立ち入った、まさにその瞬間を描いている。バレエを習っている男性社員フェルナンドが、レオタードなどが入ったかばんを隠そうとして捜査官ともみ合った際、中身がぶちまけられた場面だ。フェルナンドはただ、自分の趣味を内緒にしておきたかっただけなのだが。

当局による立ち入り検査は、俗にドーンレイド（夜明けの急襲）と呼ばれる。司法省反トラスト局長（当時）のビル・ベアにインタビューした際、「米国ではdawn raidとは言わない。executing a search warrantと言う」と正された。「捜索・差し押さえ令状（サーチワラント）の執行」だ。

サーチワラントには、捜索対象となる物件、住所、立ち入り実施日が記されている。反トラスト局の検察官が、連邦裁判所の下級判事に発布を請求。それに基づいて連邦捜査局（ＦＢ

I）の捜査官が捜索・差し押さえを実行する。

立ち入り検査は予告なしに行われる。実際には「夜明け」とは限らない。特に定まったタイミングはないが、基本的に午前6時～午後10時の間に実施される。

自動車部品カルテル事件で２０１０年２月に各国・地域の競争当局が立ち入り検査を実施したのは、日本では24日の昼前、欧州では現地時間の24日早朝、米国では23日の夕方だった。

捜査官が前触れなしにどやどやとオフィスにやって来れば、誰でもパニックに陥る。見つかったら都合が良くないものを反射的に隠そうとするのは、洋の東西を問わず、人間にとって自然な行動かもしれない。

ただ、現実の世界では、そうした行動が笑えない結末を招くことになる。米国では、「隠蔽は犯罪そのものよりも悪い」とされる。反トラスト法違反を疑われた企業の社員が証拠を隠そうとしたり、破棄・破壊しようとしたりすれば、即、司法妨害とみなされる恐れがある。司法妨害と認定されれば、最長20年の禁錮刑、併科として最大25万ドルの罰金が科される可能性があるのだ。

ＦＢＩの捜査官は立ち入り検査実施日の前日の夕方、あるいは実施日の朝、個人を対象に事情聴取を実施することがある。ドロップイン（予告なしの訪問）インタビューと呼ばれる。いきなり自宅に捜査官がやってくるのである。任意形式だが、弁護士も会社の法務部員もいない場で対応することになる。ついつい、不用意な受け答えをしてしまう恐れがある。

当局の目的は、落とせそうな個人を狙い撃ちして、自白を引き出し、捜査に協力させることにある。

インタビュー対象者が虚偽の供述をしても、当局にとって痛手とはならない。なぜなら、①裁判になった場合、虚偽の供述をした被告人の信用が低下し、被告人側が不利になる②反トラスト法違反だけでなく、虚偽の供述をした罪に問える可能性がある——ためだ。そうしたリスクを避けたいなら、捜査に協力しろというやり方だ。

米当局による法執行においては、司法妨害をはじめ、日本人ビジネスマンにはなじみの薄いさまざまな落とし穴が待ち構えている。日本では当局による盗撮・盗聴やおとり捜査は認められていないが、米国では積極的に活用されている。落とし穴に気づかないまま違法行為を続ければ、行きつく先は企業の場合は巨額の罰金支払い、個人の場合は連邦刑務所なのである。

伊藤忠商事の会長・社長を務めた丹羽宇一郎は「日本人にとってみれば酒を飲んでわいわい話をしただけで、直接契約を結んで〔カルテルを〕やったわけではないと言うのだろうが、それが隠し撮りや録音とかで捕まる。アメリカでは大事な話は、たとえば外で歩きながらしなければいけない」と話す。

証拠隠滅

自動車部品カルテル事件の始まりを告げた２０１０年２月の一斉立ち入り検査。米国では、矢崎総業、デンソー、東海理化３社の現地法人の事務所が強制捜査の対象となった。デンソーのある幹部社員は、当局の動きを察知して電子メールや他の電子文書を大量に削除した。その中には、トヨタ自動車の高級セダン「アバロン」用のヒーターコントロールパネルの見積依頼書をめぐる競合他社とのやりとりなどが含まれていた。

この幹部社員は摘発され、最終的に司法妨害の罪を認め、１年と１日を連邦刑務所で過ごした。

東海理化のある幹部社員も、立ち入り検査が入ったことを知ると、部下に命じてカルテルの証拠が残っていそうなデータを削除させたり、書類を破棄させたりした。司法省は復元を試みたが、一部については復活させることができなかった。

最終的に東海理化は法人として、価格調整の共謀と司法妨害の罪を認めて１７７０万ドルの罰金を支払うことに同意。証拠隠滅を指示した幹部社員も、個人として起訴された。米国には赴かず、今でも日本国内にとどまっているもようだ。

このほかにも、自動車部品カルテル事件では司法妨害の事例は枚挙にいとまがない。主な事例は以下の通りだ。

＊三菱電機　社員2人が文書を破棄するために共謀したり、他の社員に文書破棄を指示したりした。2人は起訴された。

＊ミツバ　幹部社員2人が文書や電子データの破棄を他の社員に指示した。2人は価格調整を共謀した罪と、司法妨害で起訴された。

＊日本ガイシ　複数の社員が、文書や電子データを破棄したり、幹部のオフィスのパソコンを他の場所に移動させたりした。現時点では個人は起訴されていないが、会社は価格操作のほか司法妨害の罪を認め、6530万ドルの罰金を支払った。

＊西川ゴム工業　幹部社員2人が司法妨害で共謀した。2人は起訴され、うち1人は罪を認め、1年2ヵ月の禁錮刑に服した。

米司法省は反トラスト法違反そのものだけでなく、司法妨害について、厳しく追及する。ミツバの幹部社員2人を起訴したときに発表したプレスリリースの中で、反トラスト局次長（当時）のブレント・スナイダーは「〔販売価格の固定で共謀した〕同じ個人が、捜査妨害という別の犯罪も犯した。証拠隠滅によって反トラスト局の捜査活動を妨害しようとする者に警鐘を鳴らす事例となった」と、司法妨害の悪質性を強調している。

日本の法制度自体がリスク

2014年末、経済産業大臣、小渕優子の政治団体をめぐる政治資金規正法違反事件をめぐり、パソコンのハードディスクが破壊されたとの報道があった。

東京地検特捜部が関係先を家宅捜索する前に、複数のパソコンのハードディスクドライブにドリルで穴が空けられていたのである。結局、事件を受けて小渕は閣僚を辞任した。しかし、ハードディスクの破壊については「証拠隠滅の事実はない」（小渕事務所）と主張、不問に付された。米国であれば、完全に司法妨害とみなされる行為だ。

ホワイト&ケース法律事務所の弁護士、洞雞敏夫によると、日本の刑法では、自らの犯罪との関係では証拠隠滅は罪とはならない。「独占禁止法の規定する検査妨害罪も実際にはまったく活用されていない」

日本と米国では、捜査妨害をめぐる法制度も違えば、社会的な通念も大きく異なる。そのギャップが、深刻な結果を招く恐れがある。洞雞は「司法妨害に対する日本の法制度やその運用の甘さ自体がグローバルなリスクをはらんでいる」と警鐘を鳴らす。日本では犯罪にならないような行動でも、米国では厳しく罰せられる恐れがあるのだ。

自動車部品カルテル事件で摘発された、ある企業の幹部社員の事例を紹介したい。

この幹部社員（A社のBとする）は、「司法妨害の共謀」と「司法妨害」の二つの訴因について有罪を認め、連邦刑務所で服役した。価格調整や入札談合など、反トラスト法そのものに基づく罪には問われていない。起訴状は、司法妨害の内容について、次のように記述している。

＊A社のBや他の社員は2007年5月ごろ、ある日本人社員が、反トラスト法違反で米国で逮捕されたことを知る（マリンホース事件でブリヂストンの社員が逮捕されたことを指すとみられる）。

＊2009年3月、Bは同僚に対し、競合他社と価格について協議した電子メールを削除するよう指示。また、米国で逮捕されれば禁錮刑と最低100億円の罰金が科されると伝えた。

＊2010年2月、日本での自動車部品メーカーへの立ち入り検査を伝える新聞記事が添付された電子メールをBから受け取った別の幹部社員（この幹部社員も起訴された）は、同僚に対し、競合他社とやりとりした記録を保存しておかないよう指示。

＊2012年1月ごろ、Bは他の自動車部品メーカーやその社員が米国で訴追されていることを知る（矢崎総業とデンソーがワイヤーハーネスの価格カルテルで有罪を認め、総額5億4800万ドルの罰金支払いに同意、同時に矢崎の社員4人が禁錮刑に同意したとの報道を指すとみられる）。

＊2012年9月、Bはある同僚に対し、競合他社とやりとりしたことが分かる電話番号や通話記録、パソコンのデータを確実に削除するよう指示。FBIは事前通告なしに証拠を差し押さえにやって来る可能性があり、その際にデータを削除しようとすれば逮捕されるとも伝えた。

Bが同僚に送った電子メールには、「破棄」「削除」などを意味する言葉が頻繁に登場したとみられる。英語に翻訳されたメールの文面を見れば、証拠隠滅を積極的に指示しているとしか映らない。

しかし、B自身はカルテル行為に直接関与していなかった。Bが同僚に出したメールの内容は、日本企業が反トラスト法違反で摘発されていることを伝える新聞報道で得た一般的な知識に基づいている。B自身が直接、競合他社の担当者と違法なやりとりをしたわけではないのである。

4－1表　立ち入り検査時の心得

	やるべきことトップ 10		やってはならないトップ 10
1	直ちに弁護士に連絡	1	事業や業界、捜査対象者についての情報を自発的に提供しない
2	弁護士到着まで捜査開始を待てないか依頼	2	令状の範囲外での捜査、令状に記載のない文書の差し押さえを許可しない
3	記録を保存、一切の文書破棄行為を停止するよう書面で指示	3	捜査妨害をしない
4	当局・報道機関などへの対応担当者を最低 1 人選任	4	文書や電子的な情報を壊したり、隠したり、変えたり、改ざんしたりしない
5	令状の写しを入手し、確認後、弁護士に送付	5	他の従業員に対して文書を壊したり、隠したり、改ざんしたりすることを指示したり提案したりしない
6	当局責任者になぜ捜査を受けているのか質問	6	当局職員と話をしてはいけない、と従業員に指示をしない
7	従業員に保障されている権利を説明	7	当局職員に嘘をつかない
8	捜査時に付き添いの社員を同行させ、監視	8	競合他社に電話をしたり、捜査に関する警告をしたりしない
9	令状の対象外の物品の差し押さえには抗議	9	パニックになったり過剰反応したりしない
10	差し押さえ物品および文書差し押さえの場所について詳細な目録作成	10	いずれにしても捜査を妨害してはならない

出典：DLA パイパー『独占禁止法ハンドブック』「捜査官がやって来た時に：やるべきことトップ 10、やるべきでないことトップ 10」に基づき作成。一部改変。

米司法省には、真っクロに映るが、B自身は潔白だという自信があった。Bは争うつもりでいた。違法行為に直接手を染めたことを示す証拠はなく、実際、勝訴の可能性もあったとされる。

ところが、A社は法人として反トラスト法違反を認め、司法取引を受け入れてしまった。会社として有罪を認めた以上、B個人の訴訟まで面倒を見ることはできない。そうなると、一個人として米司法省と闘うのは極めて困難だ。結局、Bも泣く泣く、有罪を認めた。

B自身はカルテルに直接関与していない。実際に関与していれば、処罰を軽くしてもらえる材料（当局が把握していない他社の違法行為を示す情報など）も差し出せたが、新聞報道で知った情報以外、持ち合わせは何もなかった。こうしてBは、1年2ヵ月、米刑務所で服役した。詰め腹を切らされた形だ。

4－1表は、米法律事務所DLAパイパーが作成した『独占禁止法ハンドブック』[1]の要旨である。

注目すべき点は、「やってはならないトップ10」のうちの半分が、司法妨害に関する警告であることだ。第10項目の原文は、以下の通りだ。

「このリストにある警告の多くは、いずれにしても捜査を妨害してはならないということを意味しています。このことは、いくら強調してもし足りないということはありません。捜査の原因である疑いのいずれについても当局が立件できなかったにもかかわらず、捜査中に妨害行為や虚偽の発言があったために誰かが起訴されて懲役に服するということは、まさに不要な惨事にほかなりません」

最悪の事態を避けるためには、「やるべきこと」の第3項目にある「記録を保存、一切の文書破棄行為を停止するよう書面で指示」がカギとなる。これはリティゲーションホールドまたはリーガルホールドという措置だ。日本語では訴訟ホールドと呼ばれる。

立ち入り検査を受けたとき、あるいは罰則付き証拠物提出令状（サピーナ）を受け取ったとき、文書や電子データの破棄・改竄、証言の口裏合わせは禁物だ。訴訟ホールドを徹底させることが、会社と社員を守ることにつながるのである。

『インフォーマント！』

ある企業が立ち入り検査を受けたり、サピーナを受け取ったりするということは、競合他社が当局にカルテル行為をすでに自主申告している可能性が高いことを意味する。捜査が秘密裏に進められているかもしれないのである。ここでは、個人が当局の協力者となり、国際カルテルの摘発へと発展した有名な事件について、振り返ってみたい。

リジン・カルテル事件。日本企業も関与した事件だ。リジンはアミノ酸の一種で、１９５０年代に発酵法によって大量生成する方法が日本で開発された。１９８０年までは味の素と協和発酵の2社が世界市場を独占していたが、同年、韓国のセウォンが参入した。

１９９１年には、米穀物メジャーのアーチャー・ダニエルズ・ミッドランド（ＡＤＭ）が世界最大規模の工場を建設し、新規参入した。これを受けてリジン価格はほぼ半値に下落。米国市場ではＡＤＭがシェア80％を握るに至った。

ＡＤＭは大規模な生産能力を背景に、味の素、協和発酵の両社に業界団体の結成を提案。生産量などの情報を集約するとともに、密かにカルテルを結ぶことで合意した。セウォンなど韓国企業も参加した。これが奏功し、価格は2倍になり、ほぼ以前の水準に戻った（小田切宏之『競争政策論――独占禁止法事例とともに学ぶ産業組織論』参照）。

当局がカルテルの存在を知ったのは、ADMの内部告発者による情報提供がきっかけだった。1992年、米連邦捜査局（FBI）や米司法省反トラスト局が捜査に着手。FBIは情報提供者の協力を得て、同業企業の担当者間の会話や、業界会合の録画・盗聴を試みた。情報提供者は、足掛け3年にわたって捜査に全面的に協力した。

動かない証拠を突き付けられたカルテル参加企業は、相次いで有罪を認め、司法取引を結んだ。1996年8月、味の素と協和発酵がそれぞれ最大1000万ドルの罰金を支払うことに同意。韓国セウォンの米現地法人も、裁判所が支払い可能と認めた罰金を納めることに同意した。

法人とは別に、味の素、協和発酵、セウォン3社の幹部社員が1人ずつ、司法取引で5万～7万5000ドルの罰金支払いを受け入れた。

外堀を埋められたADMも10月、有罪を認め、1億ドルの罰金を支払うことに同意した。これは当時、反トラスト法違反に対する罰金として最高額となった。これ以降、企業に対する罰金が1億ドルを超えるのは珍しいことではなくなる。

ＦＢＩにリジン業界のカルテル行為に関する情報を提供したのは、ＡＤＭのバイスプレジデントを務めていたマーク・ウィテカーだった。

情報提供者は、英語ではinformantと呼ばれる。ウィテカーの八面六臂の活躍によってリジン・カルテル事件の解決につながった経緯は、後にマット・デーモン主演の映画『インフォーマント！』（スティーブン・ソダーバーグ監督、２００９年制作）に描かれた。

映画の基になったのは、当時『ニューヨーク・タイムズ』の記者だった、カート・アイケンワルドの著書『インフォーマント――本当にあった話』（Kurt Eichenwald, "The informant: A true story" 未邦訳）だ。前半ではウィテカーが情報提供者としてＦＢＩに協力してカルテルの証拠収集を積み重ねていく過程、後半では、ウィテカー自身による会社からの横領が露見していく経緯が描かれている。まさに、事実は小説よりも奇なりという言葉がふさわしいノンフィクションだ。

同書のほか、ウィテカー自身のホームページ（http://www.markwhitacre.com/）などを基に、ウィテカーがリジン・カルテル事件に関わった経緯を見ていきたい。

１９５７年生まれのウィテカーは、オハイオ州立大学を卒業後、東部の名門コーネル大学で栄養生化学の博士号を取得した。卒業後、ドイツの金属・化学メーカー、デグサ（現エボニック・インダストリーズ）などを経た後、１９８９年にＡＤＭに入社。32歳の若さで、バイオ製品課の責任者に就任。3年後の1992年、バイスプレジデントに抜擢された。

順風満帆に見えたウィテカーのビジネスマン人生に、あるとき異変が起きる。工場でウイルス汚染が発生し、毎月大規模な損失を出すようになったのだ。

責任を追及されたウィテカーは、味の素のスパイがウイルスを散布し、その解決のためにスパイから1000万ドル支払うよう要求されていると、会社に虚偽の説明をする。会社はFBIに通報した。

1992年11月5日夜、FBIの特別捜査官ブライン・シェパードが、ウィテカーの自宅を訪れることになった。ウィテカーが、スパイとの交渉は自宅に引いた社用電話回線を通じて行っていると話したのを受け、傍受のため録音装置を設置するのが目的だった。

あわてたウィテカーは、実は、味の素とやりとりしているのは価格カルテルについてであることを、妻のジンジャーに告白する。妻とは高校生のころからの付き合いだった。ジンジャーは、内容はよく分からないながら、誤ったことをしていると勘づき、捜査官に打ち明けるよう促す。

ウィテカーは、ウソがばれれば会社を首になるのではないかと恐れ、躊躇した。彼にとって、「キャリアがすべてだった」。

ジンジャーにためらいは一切なかった。「それなら私から話をする」。妻の毅然とした態度にウィテカーは観念し、作業を終えて帰ろうとする捜査官を呼び止め、カルテルについて自白する。後にウィテカーは、「真の通報者は私ではない。妻のジンジャーだ」と語っている。

FBI特別捜査官のシェパードに自白したのを契機に、ウィテカーは一転、FBIの協力者になる。ウィテカーは期待に応えた。「ADMでフルタイムで働きながら、週2回、FBI捜査官に会って録音テープを渡したり、状況を報告したりしていた。フルタイムの仕事を掛け持ちしているかのようだった」

ウィテカーは次第に調子に乗ってくる。自分のことを「014（オー・フォーティーン）」と、得意げに名乗った。「007（ダブル・オー・セブン）の2倍賢い」という意味だった。007は言わずと知れた、イアン・フレミング原作のスパイアクション映画シリーズの主人公、ジェームズ・ボンドのコードネームだ。

2000年4月、米司法省反トラスト局の次長ジェームズ・グリフィンは、ワシントンのホテルで開かれた全米法曹協会（ABA）反トラスト部会の年次総会で講演した。その中で、リジン・カルテル事件の解決に、おとり捜査が貢献したことを紹介した。

グリフィンは、ウィテカーの協力で隠し撮りに成功したビデオテープを編集したプレゼンテーション用のテープを持参、会場で公開した。次のような場面がスクリーンに映し出された。ご丁寧に字幕まで付いていた。

1995年1月18日、ジョージア州アトランタの空港近くのホテルで行われたカルテル会合。ADM、味の素および同社子会社、協和発酵、韓国のセウォン、第一精糖の担当者が参加した。ADMからはウィテカーが出席した。

参加者はカルテル会合であることがばれないよう細心の注意を払い、時間をずらして予約済みの部屋に集まり、朝食を取っていた。セウォンの担当者だけがまだ到着していない。

ウィテカー　まだ何人か来ていないですね？

……

ショードレ〔味の素子会社の幹部〕　セウォンから2人来ます。いや、1人はタイソンから、1人はコナグラから、1人は……

（一同笑う）

……

ミモト〔味の素の幹部〕　1人はFBIから（笑）。

（一同笑う）

ヤマモト〔協和発酵の幹部〕〔冗談でしょう？

（一同笑う）

ウィテカー　ＦＴＣからも７人。

ミモト　そう、ＦＴＣから（笑）。

……

（ドアをノックする音）

ミモト　ＦＴＣ？（笑）

シノハラ〔別の味の素子会社の幹部〕　誰？（笑）

出席者が図に乗っているのは明らかだ。ちなみに「タイソン」は米食肉大手のタイソン・フーズ、「コナグラ」は米食品大手のコナグラ・フーズ。いずれもリジンの需要家で、カルテル参加者らにとっては大口顧客だ。

ウィテカーはカルテルについてＦＢＩ捜査官に最初に打ち明けた際、「ＡＤＭでは常に『競合他社は友人、顧客は敵』と言われている」と話した。アトランタ会合の参加者も、そうした歪んだ仲間意識を共有していたようだ。

「ＦＴＣ」は米連邦取引委員会。米司法省とともに、反トラスト法を管轄する当局だ。「ＦＢＩ」の名前も飛び出す。出席者に警戒心はまったく見られない。最重要議題の価格調整について話し合う前に、朝食を取りながらくつろいで軽口をたたいていたのだった。ドアをノックして入って来たのは、ホテル従業員を装ったＦＢＩ捜査官だった。盗聴装置が入ったブリーフケースをウィテカーに手渡しに来たのである。他の出席者は、知るよしもなかった。

後に隠し撮りテープを見て、ＦＢＩや司法省の関係者は激怒した。登場人物はみな、当局や顧客をなめ切っていたからだ。

ウィテカーの大車輪の活躍のおかげで、ＦＢＩはアトランタ会合以外にも、ハワイでの会合、カリフォルニア州アーバインでの会合など重要な場面を隠し撮りしたほか、電話を盗聴。動かぬ証拠を積み上げていった。

ウィテカーはＡＤＭの幹部社員として勤務を続けながら、３年弱にわたり、ＦＢＩの捜査に協力した。後に「フルタイムの仕事を掛け持ちしているかのようだった」と語ったが、実は、もう一つの顔があった。多額の金を会社から横領していたのである。

ウィテカーは、会社に利益をもたらす有能なビジネスマン、ＦＢＩの忠実な協力者、そして横領を働く犯罪者として、三重の生活を送っていたことになる。

１９９５年６月、ＦＢＩの協力を得て、ＡＤＭがカルテルに関与していた証拠を固めた米司法省は、同社や幹部社員を対象に家宅捜索を実施した。８月、ＡＤＭは、ＦＢＩに協力する一方で会社の金を横領したとして、ウィテカーを解雇。1997年10月、ウィテカーは電信詐欺、脱税などすべての訴因について有罪を認める司法取引を受け入れた。

1998年3月、ウィテカーはイリノイ中部地区連邦地裁で、横領金1140万ドル（950万ドルと利子の合計）の返還と、禁錮9年を言い渡された。判事ハロルド・ベーカーは、ウィテカーが罪を犯した動機は「ありふれた無節操と強欲（グリード）」にあったと断罪した。ウィテカーは後に、「モラルコンパス（倫理基準）を失っていた」と振り返っている。

ウィテカーは、カルテル事件でFBIの捜査に協力したため、反トラスト法違反については免責されるはずだった。しかし、FBIに協力していた期間以外にもカルテルに関与していたことが明らかになり、結局、免責されなかった。

1999年7月、ADMの幹部社員2人とともに、反トラスト法違反でも禁錮刑を言い渡された。刑期は2年半だった。ただ、横領事件ですでに服役中だったため、その分が差し引かれ、1年8ヵ月が加算されることになった。横領事件と合わせ、刑期は合計で10年8ヵ月となった。

こうして決着したリジン・カルテル事件について、当時反トラスト局刑事執行担当課長だったスコット・ハモンドは、国際カルテル取り締まりにおける「最初のマイルストーン（画期的な出来事）」になったと指摘している。

ハモンドはその要因として、①内部告発者の存在や隠し撮り画像などを通じて、カルテルという密室で行われる犯罪が初めて可視化された②司法省とＦＢＩの連携が強化された③企業への罰金が1億ドルの大台に乗せた④隠し撮りテープのおかげもあって、海外当局に対しても記念碑的な影響を及ぼすことができた――点を挙げている。

盗聴・盗撮

盗撮や盗聴は実際にはどのように行われるのだろうか。リジン・カルテル事件の捜査でＦＢＩが行った盗聴について、具体例を見てみたい。アイケンワルドの著書に基づいて再現する。

１９９３年４月28日の早朝、イリノイ州ディケーターのホテルの一室で、男２人がなにやら不審な動きをしていた。そこにもう１人の男が訪ねてきた。３人目の男は、指示に従い、上半身裸になった。最初の２人のうちの１人がシェービングクリームをその胸に塗り、かみそりで胸毛を剃り上げた。もう１人から録音用マイクを受け取ると、つるつるになった胸にテープで貼り付けた。

３人目の男はウィテカー。部屋で待ち構えていたのは、ＦＢＩの特別捜査官ブライアン・シェパードとその同僚トム・ギボンズだった。

シェパードはさらに、ウィテカーの背中にマジックテープ付きのベルトを使って装置を吊り下げた。その装置は「ボディーナグラ」と呼ばれる、オープンリール式の最新録音装置だった。シェパードは次に、ズボンも脱ぐようウィテカーに促した。ここまでされるがままになっていたウィテカーも、さすがにためらった。

しかし拒否できるわけもなく、結局脱いだ。ズボンを渡すと、ギボンズが前ポケットに穴を開けた。ボディーナグラにつながっているワイヤーを、ズボンの内側からポケットの穴に通し、ウィテカーに戻した。ポケットの中のリモートコントロールで、ボディーナグラ本体を操作する仕掛けになっていた。

その日、ボディーナグラを装着したウィテカーは、ADMのトウモロコシ加工部門のプレジデント、テランス・ウィルソンとともに社用機でシカゴに飛んだ。味の素の欧州子会社のフランス人幹部社員2人と、シカゴ・オヘア空港内にあるヒルトンホテルのレストラン「ガスライト・クラブ」で夕食を共にするためだった。

夕食を終え、再び社用機でディケーターに戻ったウィテカーは、FBI捜査官が待っているホテルに直行。録音装置を差し出した。自宅に戻ったのは、午前1時すぎだった。

内部告発

米国では内部告発者はしばしばヒーロー扱いされる。内部告発は、経済や社会に損害をもたらす違法行為を阻止したり、抑制したりする合法的なツールとして、広く支持されている。ただ、リジン・カルテル事件で情報提供者となったマーク・ウィテカーの場合、カルテル行為に関しては捜査への協力者として事件の解決に貢献しながら、横領という別の罪を犯したため、完全無欠のヒーローとはならなかった。

ウィテカーもそのことを自覚している。服役後、「私がエリン・ブロコビッチや『インサイダー』の〔主人公〕ジェフリー・ワイガンドのようなヒーローのカテゴリー[2]に入ることはあり得ない。彼らこそ真のヒーローだ」と語っている。

ウィテカーが「真のヒーロー」と呼ぶ2人のうちの1人、ジェフリー・ワイガンドは、たばこが健康に及ぼす危険性をメディアで指摘した内部告発者として知られる。

生化学の博士号を持つワイガンドは、ファイザー、ジョンソン・エンド・ジョンソン（J&J）などを経て、大手たばこメーカー、ブラウン・アンド・ウィリアムソン（B&W、現ブリティッシュ・アメリカン・タバコ）に研究開発担当バイスプレジデントとして採用された。年俸は

30万ドルと破格の待遇だった。

しかし、ワイガンドは仕事内容に疑問を覚え、会社と対立、解雇される。その後、高校教師となり、科学と日本語（ワイガンドは日本滞在経験がある）を教えるなどしていた。

そんなおり、あるジャーナリストと人生がクロスする。ローウェル・バーグマン。CBSテレビの看板番組「60ミニッツ」のプロデューサーだ。

あるとき、バーグマンの下に、たばこ大手フィリップ・モリスの内部資料が匿名で送られてくる。バーグマンは内容を解読してもらうため、専門家であるワイガンドに接触する。

資料は、たばこの健康への悪影響を示すものだった。バーグマンはワイガンドを説得し、たばこ会社を告発するインタビューを撮影することに成功する。

しかし、CBS上層部の介入により、インタビューのオリジナル版は放送中止に追い込まれる。バーグマンはこれに反発し、CBS経営陣が番組に圧力をかけてきたとのネタを有力紙ニューヨーク・タイムズに持ち込んだ。この時点で、バーグマンもまた、内部告発者になった。同紙はこれを大々的に報道。ワイガンドとバーグマンは世論を味方につける。

2人がさまざまな障害に立ち向かいながら信念を貫こうとする物語は、『インサイダー』（1999年公開）と題する映画となった。監督はマイケル・マン。ワイガンドをラッセル・クロー、バーグマンをアル・パチーノが演じた。

ワイガンドは、大企業を相手に人々の健康を守るために闘ったヒーローとして、今なお尊敬されている。現在もたばこ規制を進める運動に取り組んでおり、講演のため何回か訪日している。ただし、職を失い、離婚も経験し、経済的に報われたわけではない。

現在、米国では内部告発は制度として確立している。告発者が泣き寝入りするような事態は社会的に容認されない。それどころか、告発を奨励するため、各種の報奨制度も整備されている。

電子メールに要注意

カルテル協議は基本的に密室で行われるが、担当者がやり取りした電子メールが残されていることが多い。米司法省は、日本企業のビジネスマンが記録をまめに取っていることを知っている。情報を多くの関係者が共有していることも日本企業の特徴だ。

捜査対象となった個人は、「ｃｃに名前が載っていただけ」「読んでいない」などと弁解するが、米司法省には通じない。会社の組織図を見て、芋づる式に追求していく。

幹部社員が「そんなメールは知らない」「自分は競合他社とやりとりしていない」などと主張しても、「違法とみなされる行為と認識しながら、阻止するために何もしなかったことが問題。責任を問われる」（ベーカー・ホステトラー法律事務所の弁護士、ジャック・フォナチアリ）。

こうした電子情報の解析を、デジタルフォレンジックという。この言葉は2000年ごろから使われ始めたようだ。警察庁では、「犯罪の立証のための電磁的記録の解析技術及びその手続き」と定義している。

2007年、当時のFBI副長官補ジョゼフ・フォードは「電子メールは友だち」と語った。文書記録が重要な証拠であるのは昔も今も変わらないが、現在では、電子情報が捜査に欠かせない証拠として重宝されているのである。

米司法省に限らない。各国・地域の競争当局は、企業からサーバーのハードディスクドライブを押収し、カルテルの証拠を探す。やり取りされた電子メールの文面に、「各社」「競合」「同業」「値上げ」「調整」「商権」「読後破棄」「秘密厳守」などのキーワードがあれば、それだけで不正行為が行われた疑いを持たれる。

桃尾・松尾・難波法律事務所の弁護士、向宣明は、「日本人が社内で使う言葉の中には、特にそれを英訳した場合に、不穏当、不適切な表現になってしまうものがある。深い意味はなかったのに、偏見や誤解から日本は談合文化だと怪しまれているときに、調子に乗ったようなメールが見つかると問題になる」と、警鐘を鳴らす。

メールソフトを立ち上げ、「受信」「送信済み」「下書き」あるいは「ゴミ箱」フォルダーからメールを削除するだけでは、データを完全に消去したことにはならない。会社などのサーバーにデータが保存されている可能性があるからだ。当局はサーバーのデータを解析し、競合企業の担当者間のやりとりを再現するのである。

注

1 file:///C:/Users/user/AppData/Local/Temp/When%20the%20Cartel%20Investigators%20Japanese-1.pdf

2 エリン・ブロコビッチは3人の子供を抱えるシングルマザーだったが、エネルギー会社が垂れ流した有毒物質によって健康被害を受けた住民のために法律事務所のアシスタントとして訴訟を支援し、当時として史上最高額の和解金を勝ち取った。この経緯は『インフォーマント！』と同じスティーブン・ソダーバーグ監督で、2000年に『エリン・ブロコビッチ』という題名で映画化された。ジュリア・ロバーツが主人公を演じた。

第5章　カフカ的世界

誰かがヨーゼフ・Kを中傷したにちがいなかった。悪いこともしていないのに、ある朝、逮捕されたのだ。

カフカ『訴訟』

貝になる

本章冒頭に掲げたのは、有名なカフカの『訴訟』（光文社古典新訳文庫版、従来題名は『審判』で知られていた）の冒頭の一節だ。

主人公ヨーゼフ・Kは犯罪を働いた自覚がないまま、突然逮捕され、長く先の見えない訴訟手続きに追い込まれる。カフカはこうした不条理な世界を描くのが得意で、そうした状況は

「カフカ的状況」「カフカ的世界」などと呼ばれるようになった。

米司法省に摘発された日本人ビジネスマンも、突然、訳が分からないまま米国の刑事司法プロセスに放り込まれる。そこには、「カフカ的世界」が待っている。

ある日本人は、反トラスト法違反で有罪を認め、1年半の禁錮刑を受けることに同意した。裁判所で、入所の日時を指定された。収監先はカリフォルニア州のロンポック矯正施設（ロンポックFCI）だった。

収監日の前日、ロンポックの町に入った。本社の法務室長と、弁護士が同行した。夕食はホテルのレストランで取った。カリフォルニア産のワインを注文し、静かに乾杯した。別れの盃だった。

レストランに日本人の男が3人。地元の人間なら、車で15分の距離に連邦刑務所があることを知っている。周りの目が気になる。法務室長も弁護士も、慰めの言葉が見つからない。会話は途切れがちだった。

翌朝、早い時間に目が覚めた。空が青かった。ついにこの日が来た。チェックアウトを済ませ、レンタカーに乗り込んだ。なだらかな丘を登って行く。キャベツ畑が広がっている。もう時間は巻き戻せない。

この情景は取材に基づいて再現したものだ。一部に創作も含まれている。個人個人、思いは違うが、こんなふうに自由に別れを告げ、囚われの身になるのである。

塀の中での体験は、本人がしゃべらない限り、誰にも分からない。恥をさらすようなことを進んで人前でしゃべる者はいない。

「二度と話したくない」

「過ぎたことだ」

「取材には応じられない」

米司法省に摘発され、有罪を認めて連邦刑務所で服役した日本のビジネスマンたちは、一様に口を堅く閉ざす。米国の刑務所送りになったことで、癒えることのない傷を負う。無念を押し殺すしかなくなる。

人を殺したわけでも、麻薬密売に関与したわけでも、銀行強盗を働いたわけでもない。極悪人にはまったく見えない。

会社のために仕事に精を出し、社会人として誇りを持っていた。幹部社員としてそれなりの収入も得ていた。ただし、さらなる成功報酬を懐に入れようと不正を働いたわけではない。

そもそも日本企業の場合、個人が好成績を上げたからといって、報酬も連動して大幅に増額される仕組みになっていない。海外ではしばしばあることだが、日本では、ビジネスマンがカルテル行為を通じて私腹を肥やしていたという事例は、寡聞にして聞かない。

自らの発案でカルテル行為を働きかけたわけでもない。業界の慣習として、前任者から引き継ぐのがよくあるパターンだ。

米司法省反トラスト局刑事執行担当課長（当時）のマービン・プライスは、自動車部品カルテルに関与した個人について、「こうした行為を働く者にとって、典型的な動機付けは強欲（グリード）だ」[1]と語った。自動車部品カルテル事件で摘発された個人はほとんどが日本人なので、日本人ビジネスマンを念頭に置いた発言とみられる。

「それは違う！」。本人も関係者も、即座に否定するのではないだろうか。カルテル事件に限って言えば、日本人ビジネスマンが「強欲」に動機づけられていたとする指摘は、誤解と言っていい。

国際カルテル事件で日本企業の弁護人を務めたことのある東京国際法律事務所の代表弁護士、山田広毅は、次のように話す。

「つらいのは、日本人では私腹を肥やしている人はほぼ1人もいないということです。しかし、司法省にとってはそんなことは関係ありません。司法省の立場は明確です。米国の消費者を守り、自由市場を脅かす違法行為は処罰するということです」

別の弁護士は、もっと突き放した言い方をする。「たまたまその立場にいた、代々やっていたことをやっただけ、という事情は分かるが、悪いことは悪いこと。〔摘発されても〕しょうがない」。

動機は問題ではないのである。反トラスト法違反に関しては、証拠を突き付けられれば、ほぼ反論の余地はない。カルテルは当然違法であり、「私利私欲のためではなかった」と釈明しても、情状酌量とはならない。

日本人ビジネスマンは押しなべて、勤勉で会社思いだ。それが、いったん米司法省の捜査対象になると、米国の経済と消費者に害悪を及ぼした犯罪者として扱われる。米国では、「価格固定〔カルテル〕とは良い身なりをした泥棒による盗みにほかならない」[2]（反トラスト局のスコット・ハモンド次長）とされる。カルテルのようなホワイトカラー犯罪も、殺人や銀行強盗といった凶悪犯罪も同じ重罪なのである。

業績を上げ、顧客や部下から信頼されている優秀なビジネスマンも、米国で訴追されれば、情熱を注いでいた仕事を取り上げられる。会社もそうした個人とは距離を置かざるを得なくなる。

「ある一定期間、米刑務所で服役すれば、少なくとも人生は取り戻せる。再び〔海外に〕旅行できるようになり、仕事も続けられるのです」（反トラスト局のビル・ベア局長、2016年2月の東京の会合での発言）

その通りではある。弁護士に相談し、罪を認めて捜査に協力する見返りに処罰が軽減される司法取引に応じることを決意する。1~2年（これまでの事例では）、連邦刑務所で服役する。しかし、刑を終えて日本に帰ってきてみれば、かつて誇りを持って取り組んでいた仕事から外されるかもしれない。キャリアが途切れ、プライドが傷つく。

あるビジネスマンは、「家族には長期のアメリカ出張ということにして、実は刑務所に入ることは話していません」と、弁護士に打ち明けた。妻にだけは米刑務所に収監されることを明かしたが、子供にはやはり出張ということにして、内緒にしていた日本人もいる。

起訴されても、日本国内にとどまり続ける者も多い。最悪の場合、米政府が日本政府に対し、「逃亡者を引き渡せ」と要請してくる恐れがあるにもかかわらずだ。

自分は凶悪犯罪人ではない。たぶん引き渡されることはないだろう。弁護士も、海外旅行ができないなど不便な点もあるが、自主的に米国に赴いて処罰を受けることが必ずしも最良の策とは言えない面もある、と理解を示してくれている。その代償として、事実上永久に付いて回る引き渡し要請のリスクに怯えながら生きていくことになる。

米刑務所に収監されても、日本にとどまっても、心に深い傷を負う。人生が狂い、家族も巻き添えになる。トラウマを抱えている者も多い。米国の刑務所に入った者は、忘れようとしても忘れられない恥辱を味わう。しかし、日本の社会で生きていく上では、なかったことにするしかない。

起訴を無視して「お尋ね者」として日本国内に引きこもっている者は、誰にそのことを話せるだろうか。米国に出頭するしか、引き渡しへの不安から逃れる道はない。誰にも助けを求められないのである。

カルテル事件に巻き込まれて米国で訴追された日本人ビジネスマンが、自らの経験を公の場で語った事例がほとんどないのは、自然なことだ。自らの恥をあえてさらしたくない。自らと家族を守らなければならない。会社にもこれ以上迷惑をかけたくない。唯一の選択肢は、「貝」になることだ。

口を閉ざすのは周囲の関係者も同じだ。ある企業の元法務部長は、社員が米当局に摘発され、社内での調査や米当局との交渉に忙殺された経験がある。その過程で見聞きしたのは、同僚が犯した不正行為の生々しい内容だった。

「私のコンプライアンス教育が間違っていたのか」と、自責の念にかられた。その結果、「自分自身が傷を負った」。詳細については「かんべんしてください」と、一切口を開こうとしなかった。

いったん事件が起きると、会社では手続き面での対応は通常、法務部が担う。法務部員には長期にわたって、精神的、肉体的な負担がかかる。守秘義務があるため、うかつに口外できない。法務部員も、仕事に真摯に取り組めば取り組むほど、隠れた犠牲者となる可能性が高い。

会社全体としても、ガードを固めるしかなくなる。訴追された社員について取材しようとすると、たいていは「プライバシーにかかわることなので応じられない」「本人は話したくないと言っている」「会社としては罰金を払い、問題は終わっている」などと断られる。「民事訴訟が継続中なので弁護士から外部に話さないように言われている」という会社も多い。中には、「弊社に電話していることがアメリカ側に知られると、あなたも調査対象になるかもしれませんよ」と、半ば脅す企業もあった。

一瞬で人生がひっくり返る

2018年5月、ある関係者を通じて、米司法省に訴追されている日本人ビジネスマンに話を聞くことができた。起訴されている身なので「米司法省に知られたくない」として、実名は明かさないという条件付きだった。ここでは「秋山雅博」という仮名を使うことにする。秋山さんが語ってくれた、過酷な体験を紹介したい。

突然の暗転

秋山さんと初めて会ったのは、夏を思わせる陽気となった5月末のある昼下がりのことだった。見るからにやり手のビジネスマンという風貌。話しぶりは一貫して、論旨明快だった。しかし、よどみなく話してくれたその内容は、米捜査当局の標的にされた個人が直面する、過酷な現実だった。

東京生まれの秋山さんは都内の大学を卒業。いったん日本企業に勤めた後、外資系企業に転職した。そこで頭角を現し、公私ともに充実した人生を送っていた。

しかし、米司法省など当局が、ある事件絡みで勤務先の会社の捜査を開始したことをきっかけに、人生は暗転する。

秋山さんは、不正に関わっていた疑いがあるとして、会社から退職勧告を突き付けられる。受け入れざるを得ず、退職を余儀なくされる。「それなりに成功していた」人生が、「一夜にして全部なくなった」瞬間だった。

日本にはいたくないという思いが募った。秋山さんは、妻と幼い子供2人とともに、あるアジアの国に移住することを決断する。

「何をどうするというのが決まっていたわけではありませんが……」

急きょ帰国

新天地で新たなビジネスに打ち込もうとしていた矢先、ある日の早朝、米司法省が秋山さんを含む会社の元従業員を訴追請求したというニュースが飛び込んできた。

法律事務所からは、会社には「ターゲット」が5、6人いるが、秋山さんは「参考人」だと言われていた。被疑者扱いされるターゲットと違い、参考人は捜査への協力者だ。ただ、新たに秋山さんの弁護を務めることになった別の法律事務所からは、ターゲット扱いになるリスクがあると告げられていた。

それでも、訴追請求の報は「まったく寝耳に水だった」。すぐに日本の弁護士に電話をかけた。訴追請求の次の段階として、正式に起訴されれば、インターポールの赤手配書リストに掲載され、ボーダーウオッチ（出入国時の監視）が始まる恐れがある。弁護士は「逮捕される可能性も否定できない。1日も早く戻ってきてください」と急かした。

「住居の賃貸契約の解約や車の売却、子供の学校をやめさせたりとかいろいろして数日後には日本に帰った。夜逃げ状態です」

銀行口座を閉めるなど、他にも手続きがあったため、妻には1週間ほど残ってもらった。アパートの大家には「突然いなくなるのはおかしい」といぶかしがられ、200万円相当を預けさせられた。どたばたの中、この金は結局、返してもらえなかった。

小学校1年生の長女と3歳の長男を抱えた秋山さんは、深夜、空港へと急いだ。搭乗したのは未明に出発の成田行き日本航空便だった。無事乗れたが、まだ安心できない。

「『日本の領空に入りました』とアナウンスがあり、これで何とか救われたのかなと胸をなでおろしました」

直後、「この便はアメリカン航空と日本航空の共同運航です」と続いた。「えっ、これって捕まっちゃうの」と、一気に不安がぶり返した。

朝、成田空港に到着。さいわいにも、入国審査で引っかかることはなかった。

「パパ泣いてたよね」

訴追請求の報が飛び込んできた日、秋山さんは長女に、「学校にもう行けないよ」と告げた。長女は小学校1年生だったが、そのときのことをまだ鮮明に覚えているという。

「あのときパパ、泣いてたよね。日本に帰れるようになって喜んでたんでしょ」。かわいい勘違いなのだが、幼いながら、家族の人生が急変した出来事として、心に刻み込まれたようだ。

秋山さんと妻が最も心配したのが、子供たちへの影響だった。

「名前が秋山の姓だと、いじめられたりとか、将来結婚するときに何かあったりとか、いろいろと〔妻に〕言われて。『でもまだどうなるか分からないから』ということで説き伏せて。妻としては『もう離婚していい。実家に帰ります』というかんじでした」

住居を借りられない

帰国した秋山さんは、いったん、東京都内の実家に家族で身を寄せた。精神的に最悪の状態だった。

「都内といっても結構田舎の方だったので。そこにいるときは本当に夜逃げして、山籠もりしているかんじでした」

帰国したのは真冬だった。その年、関東地方は前線を伴った低気圧の通過に伴い、2度にわたって大雪に見舞われた。秋山さんの実家付近でも、積雪は50センチに達した。

「ちょうど娘の誕生日で、雪の中で1週間くらい買い物に行けなくて、『こんなところでなんで隠れて生活しているんだ』と。親も当然、事情を理解できない。『何か悪いことをしてたのかしら』って、思われてたのかもしれませんね」

不安が不安を呼び、秋山さんは八方ふさがりの状態に追い詰められた。

「いちおう、入国はできたものの、学校にも行かせられない状態が続いて。当時はどこまでっていうのが分からなかったので、当事者としては最悪のケースしか考えられなかった。自分がもう将来働けないなっていうことだけじゃなくて、退職金返還請求が来たりとか、いままでの弁護士費用の請求が来るとか、銀行口座が凍結されるかもしれないとか、もう完全に、本当に今後どうやって生きていけばいいのかっていう状態が突然やって来た。人目をはばかりながら、銀行に行っては少しずつ預金を引き出すということを何日も続けました」

子供をずっと学校に通わせないわけにもいかず、秋山さんは都内で賃貸物件を探し始める。しかし、無職のため、貸してくれるところはなかった。「5年分の家賃を前払いしますから」と言っても、聞き入れてもらえなかった。

ただ当時はまだ、秋山さんは正式に起訴されていなかったこともあり、銀行で資金を借りることができた。それを充当してマンションを購入した。

「住む場所が決まったので、少し落ち着きました。それまでは本当、どこに住めばいいかも分からないし、ずっと実家にいるわけにもいかないし、まさにそういう状態が3ヵ月くらい続きました」

引っ越しをして、子供たちも小学校と幼稚園に通い始めた。

「ただ、これからどうなるか正直分からないので、外に出て人と話をするのも怖いし、どんなうわさが出るかも分からないし、変な話、パトカーを見るだけでも怖いっていう状態がずっと続いていました」

秋山さん以上に、妻も追い詰められていた。

「妻は1週間後に〔日本に〕帰ってきましたが、精神的に相当まいっちゃって、それから数年間は本当に人に会うのも嫌だし。今でもやっぱりちょっと、人になんて言われているか、どう思われているかっていうのがあって。もう数年、なんていうか、塞いじゃっていたっていうか。まともに何も考えられないし、そもそも、何が起こったかっていうことも分かっていないので。ぼくに対しても不信感があっただろうし、すごく。まあ、廃人状態でした」

新たな提訴

ついに、秋山さんを含む会社の元従業員3人は正式起訴された。想定内だった。しかし、災いはかつての移住先の国からもやってきた。

帰国した年のある秋の夜、秋山さんがほろ酔い加減で帰宅すると、郵便物が届いていた。移住先の国からだった。どうやら訴状のようだった。英文で書かれていることもあり、「最初は何のことか分からなかった」。

米国での起訴に関する書類が回り回ってやってきたのかなどと、思いを巡らせた。「頭が真っ白」になり、理解できない。翌日、弁護士に相談した。

それは、かつての移住先のビジネスパートナーが、秋山さんを訴えた訴状だった。巨額の損害賠償を請求していた。秋山さんが日本国外に出られないのに乗じて、「欠席裁判」を起こしたのだった。

「当分、仕事はできないなと覚悟はしていた。弁護士費用もかかるし。それでさらに今持っている財産も全部取られたら生きていけないので、もう自己破産もしないといけないかなと追い込まれました」

秋山さんは、「アメリカの方がどうなるか分からない状況で、移住先での訴訟もどうなるかという状態」に直面した。これ以降、二正面作戦を強いられることになる。

実名報道

帰国の翌年、とどめを刺すような「事件」が起きる。ある日本語メディアが、移住先での訴訟について、実名入りで報じたのだ。

それまで、米当局が秋山さんを訴追請求したり、起訴したりした際、インターネットで検索できるのはプレスリリース上の英文名だけだった。それをカタカナ書きで報じる日本語メディアも一部にはあったが、漢字名で報じられたことはなかった。

日本人のアイデンティティーの一要素は、漢字名だ。英文やカタカナで表記された場合、個人の特定は難しい。たとえば海外で事故に遭った邦人が、最初は「ヤマダ・タロウ」と報じられても、ピンとこない。身元が確認されて「山田太郎」となると、同朋意識が一気に高まる。その意味で、秋山さんにとって漢字名が報道されたのは痛かった。身元が分かってしまう。状況は一変した。

これ以降、新規にビジネスを始めるため銀行から資金を借り入れようとしても、断られるようになる。メインバンクから、融資を実行予定日の2日前に断られたこともあった。審査で「インダイト（起訴）」という言葉が引っかかり、「待った」がかかったとしか考えられなかった。

「一気にその件〔移住先での提訴〕だけではなく、アメリカの件もインターネット上で分かるようになってしまった〔移住先の件で秋山さんの漢字名が特定されたため、英文・カタカナ表記止まりだった米国での件も同一人物であることが類推できるようになった〕ので、それまで自分で不動産投資をしたり、いろいろ事業をやろうとしたりしていたものが、銀行からお金を借りられないということになって、全部できなくなってしまいました」

「銀行にも何度も説明をしたり、弁護士にも説明を出してもらったりしても、もうダメの一点張り。日本で別に有罪になったわけでも、嫌疑をかけられたわけでもないのに、アメリカでも有罪になったわけでもないのに、その時点で全部止められちゃった。だから働きに行けない、自分でビジネスやるのもお金借りられないじゃ、本当に何もできないなあと思って、結構途方に暮れました」

車を「貸す」ことすらできない

実名報道の影響は、思わぬところにも及んだ。

「ディー・エヌ・エー（DeNA）グループがやっているカーシェア事業で『エニカ』っていうのがあるんですけど、そこで自分の車を貸すことができる。自分の車を貸して少しでもお金を稼げます、みたいなモデルがあるから、じゃあやろうかなと思って登録した。借りる方だったら事前審査が厳しいのは分かるが、貸す方なのに断られた。いろいろ聞いたが、『特別な事情で』とか、どうのこうのと言われた。たぶんその記事〔実名報道〕のせいなんですけど。その記事があると車を貸すこともできないんだと思いました」

交通違反

ある夏の夜、秋山さんはうっかり交通違反をした。

「神田の知らないところを運転していて、比較的広い一方通行があって、間違ってふっと入っちゃったんですよ。そこにちょうどパトカーがいて、通行禁止違反で免許を出して、子供といたんですけど、軽微な違反なので当然すぐ返してもらえると思っていたら、全然返してくれないで、ずっとサイレンを回していて、周りの人もすごい集まってきた」

何度も頼み、サイレンは止めてくれたが、免許証はいつまでも返してくれない。

「『ちょっと待ってください』ということになって、しばらくしたら本部の方が確認したいことがあるからっていう話になって、あ、アメリカの件だなと思いました」

秋山さんは子供だけ家に帰らせてもらえればいくらでも話はすると頼んだが、警察は「もうちょっと、もうちょっと」の一点張りだった。

「どんどん警察集まってきちゃって、子供もすごくびっくりしちゃって、『なんでこんなに警察来るの』と。周りもわーって見てるし。そのとき弁護士に連絡したけど、ちょうど夜だったからつながらなくて。そしたら『海外で何かありましたか』という話になって、『裁判やっているがこの3年以上は海外に行ってないですよ』と話しました」

結局、秋山さんは子供とともに現場に30分程度とどめられた後、解放された。

1週間ほど前、米国で起訴された会社の同僚のうち、2人について有罪判決が覆り、無罪となっていた。秋山さんはそのニュースを知り、「すごく喜んでいた」。それだけに、ショックは大きかった。

「『2人が無罪になったのに僕は捕まってこのままアメリカに送られちゃうんじゃないか』と思って、もうなんか、すごく……〔怖かったです〕」

夜も眠れない

会社を退職後、弁護士が付いてからは、起訴された秋山さんを含む元同僚同士は直接話すことができなくなった。ショートメッセージによる連絡も禁じられた。「誰が司法取引して、誰が本当のことを言っているかも分からない状況だった」ため、「疑心暗鬼」になっていた。それだけになおさら、元同僚のことは気になっていた。

そうこうするうち、外国人の元同僚が、自国内で逮捕された。米国での起訴に基づく身柄拘束で、米国への引き渡し含みだった。

「もう本当にいてもたってもいられない、まったく眠れない状態。事件があってからは夜もあまり眠れない、朝方は夢を見て起きちゃうというのはずっとあって。連れて行かれる夢ですよね。子供と一緒に過ごせなくなるとか。そういう恐怖が常にあったので。今もないわけじゃないんで、たまにやっぱり見ますね」

「訴追請求されたときも朝方だった。突然朝5時くらいに連絡が入って、情報が入ってきた。移住先の件で訴えられたときも、夜中に〔訴状を〕受け取ったりとか。夜中とか朝方にそういう悪いニュースが来ることが多かった。結構その時間になると、なんか悪いことがあるんじゃないかっていうのはすごくあります」

「一晩でいきなり全部変わっちゃったので、『世の中、一瞬ですべてがひっくり返っちゃうんだ』という怖さがやっぱり残ってて、今もちょっとこう、何かが順調に行っても、『またでも朝起きたらいきなり全部がひっくり返ってるんじゃないか』、という怖さはありますね」

子供に知られたら

秋山さんの長女は小学校6年生になった。最近では学校でも、パソコンを使う授業がある。インターネットを使えるようになる年頃だ。

「［子供たちの間で］親を検索するというのがはやってて、学校でやるのかなんだかで。『うわーっ』てなりました。そろそろそういうことが起こるかなと思って。この前もちょっと危なくて、私の名前を検索していたりすると、ちょっとそれは怖いなと思います」

長女と長男が通う小学校で、秋山さんはPTA会長就任を打診される。

「2年前も去年も言われた。2年前のとき、区議の友人がいて、『PTA会長って言われてるんだけど』と聞いてみた。子供たちもお世話になっているし、仕事も今そんなにあれじゃない［忙しくない］から、やってもいいかなあと思ったんだけど、その人に『いろんな親がいるから、今度の会長こんな人と言われるリスクがあるから、やめといたほうがいいよ』と言われた。それで『忙しいんで』みたいなかんじで断りました」

期待していない

秋山さんの弁護士は現在、起訴取り下げを勝ち取るべく、準備を進めている。弁護士は、米司法省への対応について筋道立てて説明してくれた。秋山さんにも「今やるしかないですよ」

と促す。しかし、秋山さんは自分のことであるにもかかわらず、どこか無関心な表情をした。

「正直もう、そんな日が来るとは、期待も今、していないというか、あまり……」

あまりに長い年月がたった。会社を退職してすでに6年以上経過した。無力感が漂っていた。弁護士は、クライアントである秋山さんについて「私が見ている中で、最悪の目に遭っている、いちばんかわいそうな人ですね」と言う。

秋山さんは実感を込めて言う。「〔仮に米司法省への訴えが聞き入れられてボーダーウォッチが取り下げられても〕アメリカにはもう行きたくないです。怖くて、本当に」

米司法省への対応に加え、移住先での訴訟も抱えている秋山さんにとって、弁護士費用は大きな負担だ。「移住先の訴訟の弁護士費用もまた何千万円とかかってくる。それも底なし沼なんで、どこまでかかるかも分からない」

秋山さんの声には張りがあり、話し方も明快だ。時折笑いもする。しかし、心底笑っているのではなかった。どこかうっすらと、虚無感が漂っていた。出口の見えない迷路に迷い込んでしまった自分自身を、第三者的に、突き放したように話すことがあるのが印象的だった。

英国人幹部の服役体験

米国で起訴され、国内にとどまっている身で、すべてを話してくれた秋山さんは、例外中の例外だ。口を閉ざすのは日本人だけではない。海外に目を向けても、米国で起訴されたり、収監されたりした個人の肉声はほとんど聞こえてこない。

そうした中で、ある英国人ビジネスマンが、自らの体験を公にしている。キース・パッカー。1961年生まれ。英大手航空会社ブリティッシュ・エアウェイズ（BA）の航空貨物子会社BAワールド・カーゴ（現IAGワールド・カーゴ）の幹部社員だった。最終的な肩書きは「コマーシャルゼネラルマネジャー」。

パッカーは2002年3月～2006年2月の期間、他の航空貨物会社の担当者と共謀し、国際航空貨物運賃を調整するなどして競争を阻害したとされた。米当局に起訴されたパッカーは、思い悩んだ挙句、最終的に司法取引に応じた。その結果、2万ドルの罰金と、8カ月の禁錮刑を受けた。服役期間は2009年1～9月。場所はフロリダ州ペンサコラの連邦刑務所だった。

パッカーは、「あなたの身にも起きる」と題する手記を綴っている。2010年には米ブルームバーグ通信のインタビューにも応えている。それらの資料を基に、経緯を再現してみたい。

パッカーは「やりがいのあるビジネスライフにおける課題と、満ち足りた私生活とを両立させていた典型的な企業幹部」だった。反トラスト法違反を犯すまでは、「法律違反すれすれの経験といえば、車を運転していて速度制限違反か駐車違反をしそうになったことくらいしかありませんでした」と、自己紹介している。

そんな良き市民である彼の人生を狂わせる発端となった出来事が、2006年2月14日に起きた。BAワールド・カーゴを含む複数の航空貨物会社に対し、当局が一斉に立ち入り検査を実施したのだった。ちょうどバレンタインデーだったので、彼はこの日のことを「バレンタインデーの大虐殺」と名付けている。

その1年後、彼はBAワールド・カーゴを円満退社、新たなキャリアを探し始めた。この時点では、自らが事件に巻き込まれるとは、思ってもみなかったようだ。

運命の急変を告げる電話は突然、かかってきた。航空貨物運賃のカルテルに関して、米司法省がパッカーの関与を疑っているという内容だった。それまで米国で働いたことも、生活したこともなかった彼は、ショックを受けた。

弁護士に相談し、まず検討したことは、米国ではなく英国の競争当局である公正取引局（O

FT）による取り調べを受けることだった。米国で裁かれれば厳しい処罰が待っていることが分かっていたからだろう。しかし残念なことに、国際航空貨物運賃のカルテル事件は米司法省が管轄していた。

次に、英米間の犯罪人引き渡し条約について調べた。比較的簡単なプロセスで米国に引き渡される可能性があることが判明した。欧州人権裁判所などを通じて時間と費用をかけて争うことも可能だったが、勝てる見込みは小さかった。

大西洋を渡り、米国の裁判所で争うことも検討した。そこで分かったことは、反トラスト法ではカルテルの情報を知っていただけで違反になり、敗訴するリスクが極めて高いということだった。しかも重大な違反があったと認定されれば、最長10年の禁錮刑と、最大1億ドルの罰金を科される恐れがあった。もはや、司法取引に応じるしか選択肢は残されていなかった。

米連邦裁判所で処分を言い渡された彼は、「私の周りで世界が崩れ落ちました」と振り返っている。

「これからどうなるのかといった不確実性、砕かれた期待、そして家族や友人たちから何千マイルも離れた外国で収監されるということ、こうしたことは耐え難いほどの苦しみとなりました。何度も、とても乗り超えられないと思いました。とても怖く、生きてきた中で最悪の事態に直面したのでした。英国の新聞にも書かれ、業界紙『エア・カーゴ』の1面に載りました。

一番つらかったのは、妻や2人の子供たち、両親、親しい友人たちに、刑務所送りになったことを告げることでした」

フロリダ州ペンサコラの連邦刑務所は、主にホワイトカラーの犯罪者が収監される、警備が最低限の「フェデラル・プリズン・キャンプ（FPC）」の一つだ。しかし、パッカーの同室者は、「片目の麻薬絡みの犯罪者」だった。幸い、塀の中で暴力事件に巻き込まれることはなかったようだが、孤独と不安にさいなまれた。

「収監され、まったく縁もゆかりもないところで生きていくことの恥辱だけでも、十分にひどいものでしたが、家族と離れ離れになることは、耐え難いことでした。家族とつながることができるのは、1週間に2回、15分間ずつの電話だけとなりました。それも8ヵ月間」

しかし、彼は完全には押しつぶされなかった。「監房の［2段］ベッド上段」で横になりながら、「企業幹部を対象に、法律は決してないがしろにしてはならず、企業のみならず、企業の運営に携わる個々人にもかかわってくることなのだということを身をもって示し、世の企業幹部のために生身を持った抑止力となる」というアイデアを思いついたのだった。

刑期を終えて英国に戻った彼は、アイデアを実現すべく、法律事務所や大手企業に売り込んだ。幸いにも手ごたえがあり、大手企業に自らの体験を説いて回るようになった。米・ベルギーの醸造大手アンハイザー・ブッシュ・インベブ、ドイツの物流大手DHL、オランダの人材サービス大手ランスタット・ホールディングなど、名だたる企業がクライアントとなった。彼は再び、「非常に充実した仕事」ができるようになった。それでも、つらい記憶は容易には消えなかった。代償はあまりに大きかった。

「金銭面やコンプライアンスに絡んだ調査の対象になって企業の名に傷が付いたとしても、企業やブランドは復活できます。巻き込まれた個人は、まったく異なる状況に置かれます。遅々としか進まない、トラウマとなるような、しかも先の見えない法的プロセスの中に置かれ、職を失い、刑務所に送られ、その履歴は死ぬまで付いて回ります」

連邦刑務所

ある自動車部品メーカーの社員、ヨシダ・ヒロシは2012年11月、米司法省と司法取引を結び、1年と1日の禁錮刑と2万ドルの罰金支払いに同意した。

地方紙『コロンバス・ディスパッチ』[3]によると、ヨシダは後に行われたオハイオ北部地区連邦地裁での判決言い渡しの際、次のように語った。「裁判長、私は自分のしたことを心から悔いています。あなたと米国、そして自分の家族にも、自らの行為について謝罪します」

「共謀の文化」と題する記事の中で、同紙記者は「彼はまれな存在ではない。日本から遠く離れて米国に駐在し、会社にとって最良と思えることをするような日本人企業幹部の1人だ。捕らわれの身になった後、彼は純粋に申し訳ないと思っているようだった」と描写している。

こんなふうにして連邦刑務所で服役した日本企業関係者は、自動車部品カルテル事件では32人に上る。刑務所といっても、実際には凶悪犯罪人を収容する警備が厳重な施設から、主にホワイトカラー犯罪人を収容する警備が比較的緩い施設まで、多岐にわたる。

これまで、日本人ビジネスマンの場合、警備が緩い施設に収監されてきた。司法取引の過程で、弁護士を通じてある程度の希望はかなえられる。全米の施設の中から、場所についても空きがあれば希望を申し入れることができる。日本人はたいてい、西海岸の刑務所を希望するようだ。何よりも、太平洋の向こう側には日本がある。これに対し、欧州出身者は気候が温暖なフロリダ州の施設を希望するケースが多いとされる。

あるデンソー社員は、2013年8月、デトロイトにあるミシガン東部地区連邦地裁に出廷した。そこで彼の弁護人は検察側との間で、禁錮15ヵ月の実刑と、2万ドルの罰金支払いで合意した。

2013年9月21日付の『朝日新聞』によると、弁護人は次のように訴えた。「彼〔被告人〕は10月上旬に日本で子供の学校の行事があるので、刑務所への出頭はその後にできれば」

アメリカの刑務所で服役することを受け入れた被告人が、せめてその前に父親らしいことをしておきたいと考えたのは容易に想像できる。運動会が予定されていたのだろうか。子供の晴れ姿を見届けた後、再びアメリカに渡って刑務所に入るつもりだったのかもしれない。

記録によると、彼が刑務所から出たのは2014年11月10日。入所日は検索できないが、満期収監されていたとすると、刑務所入りは2013年8月10日ごろとなる。10月上旬に予定されていた「子供の学校の行事」に出席したいという希望は、かなわなかったようだ。

連邦刑務所は警備の度合いによって、4種類に分けられる。最も警備が緩いのが「ミニマム」、「ロー」、「ミディアム」と続き、最も厳しいのが「ハイ」となる。

自動車部品カルテル事件で多くの日本人受刑者が収容されたのは、カリフォルニア州のロンポック連邦刑務所か、民間委託のタフト矯正施設（CI）のいずれかだ。

ロンポック刑務所は、広大な敷地の中に、警備レベルが「ロー」のロンポック矯正施設（ロンポックFCI）と、「ミディアム」レベルのロンポック刑務所（ロンポックUSP）がある。

反トラスト法違反は重罪だが、ホワイトカラー犯罪の場合、警備レベルが緩めの施設に入れられることが多い。ロンポックでは、FCIに入れられる日本人が多い。ただ、実際にはUSPに収監された日本人ビジネスマンも複数いる。

ロンポックFCIを実際に訪れたことのある、コンプライアンス・アドバイザーの龍義人によると、施設は50センチほどの高さの柵で囲まれているが、オープンな印象を受けたという。

5－1写真　ロンポックFCI（上）とUSP（下）

FCI LOMPOC
A low security federal correctional institution.
USP LOMPOC
A medium security U.S. penitentiary with an adjacent minimum security satellite camp.

連邦刑務所局ホームページより
ロンポック FCI
https://www.bop.gov/locations/institutions/lof/
ロンポック USP
https://www.bop.gov/locations/institutions/lom/

受刑者は調理、クリーニング、修繕、草花の手入れなどの労働時間以外は、基本的には何をしてもいい。本も許可されれば持ち込める。検閲はされるが、手紙のやりとりも許されている。

連邦刑務所局（ＢＯＰ）のウェブサイトによれば、面会は土曜、日曜、祝日の午前８時半から午後３時まで可能。何組か同時に面会できる面会室が用意されている。面会できるのは配偶者や子供などの肉親のほか、親戚、10人未満の友人、外国人の場合は母国の大使館・領事館職員、会社関係者、弁護士などだ。

訪問者のドレスコードも定められており、基本的に肌が透けて見える衣服やミニスカート、前後やサイドが大きく開いた衣類など「挑発的もしくは露出度の高い」服装は不適切とされている。「囚人服に似た服装（カーキ色や緑色の軍服タイプの衣類）」も禁じられている。

規則では面会の最初と最後に握手したり、ハグしたり、キスしたりすることは許されている。ただしキスは「節度のある」やり方でなければならない。夫婦が個室で会うことは許されていない。こうした規則に違反する行為が職員に見つかれば、面会は停止される可能性がある。

ただ、警備が緩い施設とはいえ、アメリカの刑務所は危険がいっぱいだ。地元メディアによると、２０１７年６月21日夜９時ごろ、ロンポックＦＣＩに収容されている囚人らの間で乱闘が発生。巻き込まれた囚人９人と職員３人がけがをした。警備が比較的緩いＦＣＩですらこうした暴力事件が起こるのだから、警備のレベルが高い刑務所の場合、危険な目に遭う可能性が大きくなることは想像に難くない。

気になる発言がある。公正取引員会委員長の杉本和行は2016年2月15日、日本記者クラブで講演し、次のように語った。

「アメリカの司法取引というのは有罪を認めるかどうかというのもあるのでしょうけれども、その交渉の過程でどこの刑務所に入れてもらうかというのも一つの要素になっているようでありまして、アメリカの中でホワイトカラー犯罪〔の人〕が入る人気刑務所のようなのがありまして、カリフォルニアのロンポック刑務所なんだそうですけれども、そこに行くと怖い殺人罪とかやった人がいないそうです。今、そこもいっぱいになったので、その次はどこがいいかというような話もあるように聞いております」

杉本が言及した「ロンポック刑務所」は、ロンポックＦＣＩを指すとみられる。これまで日本人ビジネスマンを大勢受け入れてきたという実績があり、司法取引に臨む日本人ビジネスマンにとって、あえて未知の施設を希望するという選択肢はなかった。そこが満杯で受け入れ不可能になった場合、いったい安全な施設は他にあるのだろうか。

注

1 米オハイオ州の地方紙『コロンバス・ディスパッチ』電子版、"Massive price-fixing among auto-parts manufacturers hurt U.S. car buyers" Mar 22, 2015)

2 Scott D.Hammond, "The Fly On The Wall Has Been Bugged--Catching An International Cartel In The Act", May 15, 2001

3 前掲紙

第6章　日本人引き渡しの可能性は？

被請求国は、自国民を引き渡す義務を負わない。ただし、被請求国は、その裁量により自国民を引き渡すことができる。

「日米犯罪人引き渡し条約」第5条

引き渡し第1号

米司法省反トラスト局は、これまで外国からの身柄引き渡しに8件成功している。引き渡し要請に応じた国は英国、イスラエル、ドイツ、カナダ、ブルガリア、イタリアだ。ただ、自動車部品カルテル事件をはじめ、起訴されても国内にとどまっている日本人が多数に上っているにもかかわらず、反トラスト法違反絡みで米国に引き渡された日本人は現時点ではゼロだ。

この章では、反トラスト法違反関連の引き渡し事例や他の分野での日本人引き渡し事例を紐解き、日本人ビジネスマン引き渡しの可能性について探っていく。

反トラスト法違反絡みで引き渡し第1号となったのは、英国人で、炭素製品メーカー、モルガン・クルシブルの元最高経営責任者（CEO）イアン・ノリスだ。

会社のモルガン・クルシブル自体は、米子会社モルガナイトとともに2002年11月、司法取引を受け入れ、合計1100万ドルの罰金を支払った。前立腺がんを患っていたノリスは同年、CEOを辞職、会社も退職した。

2003年9月、2003年10月、2004年9月と三度にわたって、すでに退職していたノリスは起訴された。訴因は価格調整や司法妨害で共謀したことなどだった。

ノリスは出頭しなかった。これを受けて米政府は2004年12月末、英政府に引き渡しを要請。年が明けた2005年1月、ノリスはロンドンで逮捕された。

ノリス側は英当局に対し、米国への引き渡しを拒否するよう訴えた。しかし法相は2005年9月、引き渡し手続きの開始を指示した。

しかし、2008年3月、英貴族院が、英国ではカルテルは2003年までは刑事罰の対象ではなかったため、双罰性規定に当たらないとして、引き渡しを認めない判断を下した。

双罰性とは、引き渡しを請求した国で問われた罪が、引き渡しを請求された国でも処罰の対象となることだ。この条件が成立することが引き渡しの前提となる。

ノリスがほっとしたのも束の間だった。翌２００９年、司法妨害に関して引き渡しを認める判断が、英裁判所で出されたのだ。ノリス側は最高裁判所に上訴したが、棄却（２０１０年２月）。欧州人権裁判所でも訴えは退けられ、望みはすべて絶たれた。

こうしてノリスは２０１０年３月23日、米国に引き渡された。同年７月、陪審裁判で、司法妨害の罪で有罪評決が下された。同年12月、禁錮18ヵ月と罰金２万５０００ドルの支払いが言い渡された。最初の起訴から量刑言い渡しまでに要した年月は、７年を超えた。ノリスは67歳になっていた。

ノリスが収監されたのは、ノースカロライナ州北部にある、民間に運営を委託している連邦刑務所、リバース矯正施設だった。ノリスは収監中にも米国の裁判所に上訴したが、２０１１年３月に最終的に刑が確定。同年11月まで服役した。

ノリスの引き渡しに至る経緯を振り返ると、いくつか注目すべき点がある。

欧州委員会は制裁金免除

ノリスは２００２年、モルガン・クルシブルを退社したが、前年の01年、同社ＣＥＯとして、欧州市場での炭素製品カルテルについて、欧州連合（ＥＵ）欧州委員会に自主申告するよう社内で指示を出していた。同社のリニエンシー申請は奏功し、制裁金を全額免除された。カルテルに参加していた他の5社には合計1億144万ユーロの制裁金が科された（03年12月発表）。

しかし、米司法省はこれに先立ち、1999年に炭素製品業界の国際カルテル事件について、すでに調査に着手していた。その結果、ノリスは、モルガンおよび同社子会社の他の3人の社員とともに訴追された。ノリス以外の3人は2003年に早々と司法取引に応じ、収監された。

ノリスがCEOを務めていた当時、リニエンシーを欧州委員会だけでなく、米当局にも申請すべきだとの判断が可能だったかどうかは分からない。手続き上のミスなのか、それともあえて申請しなかったのか。自動車部品カルテルで一部の日本企業も犯した誤りだが、資格があるにもかかわらずリニエンシー申請を怠ると、最悪の結果につながる恐れがあるのである。

双罰性

引き渡しの前提として、米国で罪に問われた行為が英国でも処罰の対象となることが必要条件だった。モルガン・クルシブルがカルテル行為に関与したのは1989～2000年。英国でカルテルが刑事罰の対象となったのは、2002年企業法が2003年6月に施行されてからだ。このため、同社がカルテルに関与していた期間は、米国で違法でも、英国では問題なかった。つまり双罰性規定に該当しなかった。

ノリス側は司法妨害に関しても、カルテルの「従属的な」行為にすぎないと主張した。しかし、英国の裁判所は、司法妨害は刑事訴追の可能性を回避するために意図的に行われた「極めて重大な」犯罪だと認定。米司法省の主張に沿った判断を下した。司法妨害が命取りになったのである。

2003年引き渡し法

2001年9月11日の米同時多発テロを受け、EUはテロ容疑者の迅速な引き渡し手続きを容易にするため、「欧州逮捕状枠組み決定」を2002年に採択。英国はこのEU決定を国内法化するため、「反テロリズム法」の一部に織り込む形で迅速に成文化しようとした。

しかし、議会が人権面への配慮から慎重な対応を求めたため、結局、「1989年犯罪人引き渡し法」の改正という形をとることとなり、最終的に「2003年犯罪人引き渡し法」が成立した（2004年1月1日施行）。ここまでは中央大学法科大学院の北村泰三教授の説明[1]を参照した。

当初、国際テロリストの訴追手続きを容易にする目的で導入された2003年犯罪人引き渡し法だが、その対象が徐々にホワイトカラー犯罪にも広げられるようになった。英誌『エコノミスト』（電子版、2005年5月12日号）は、「新引き渡し法が施行されて以降に米国からあった引き渡し要請43件のうち、半分はテロではなくホワイトカラー犯罪だった」と指摘している。同誌は、米国法に違反した外国人ビジネスマンを連れてきて裁こうとする米国に対し、「英国は進んでお手伝いしているようなものだ」と皮肉った。[2]

個人の事情は一切考慮されず

米国に引き渡されたとき、ノリスは67歳と高齢だった。小康状態にあったとはいえ、前立腺がんを患っていた。妻による介護を必要としていた。その妻も、ノリスの引き渡し手続きが長期化する中で重度のうつ状態にあった。英国内での裁判ではこうした事情も訴えたが、一切、聞き入られなかった。

ノリスが収監されたノースカロライナ州のリバース矯正施設の収容者数は約1500人。9割以上がヒスパニックで、施設内はほとんどスペイン語圏だった。ノリスは病を抱えていたが、専門医の医療サービスを受けることはできなかった。

第3国で逮捕

イアン・ノリスの引き渡しは、反トラスト局にとって大きな勝利だった。カルテル行為を働きながら裁きを回避しようとする逃亡者の身柄を確保し、米国内で刑を受けさせた第1号となったからだ。

ただし、ノリスの引き渡し事由となったのは、厳密にはシャーマン法違反ではなく、司法妨害だった。裁判でも、司法妨害をめぐって審理された。カルテル行為に関しては、直接、罪に問われなかった。

イタリア人のロマノ・ピショッティは、シャーマン法違反そのものが引き渡し事由となった。その意味で、反トラスト局にとって、ノリスの引き渡しをさらに上回る成果となった。

ピショッティはイタリアのマリンホースメーカー、パーカーITRの幹部社員だった。日本のブリヂストンや横浜ゴムも参加していた、マリンホース・カルテルのメンバーだった。

２００７年5月、おとり捜査に引っかかってカルテル協議のためテキサス州ヒューストンに集合した参加者のうち、ブリヂストンの幹部社員1人を含む8人がＦＢＩに一斉に逮捕された。7人はヒューストンで、ブリヂストンの社員はサンフランシスコに移動したところで身柄を拘束された。

ブリヂストン社員は保釈後、パスポートを取り上げられ、アパートで生活した。保釈中は所在地を把握できるＧＰＳ機器を足首に巻かれた。翌２００８年12月、有罪を認め、ヒューストンの連邦地裁で2年の禁錮刑と8万ドルの罰金を言い渡された。

当時、ピショッティもヒューストンにいた。しかし、間一髪で逮捕を免れ、イタリアに帰国した。

2008年春、米捜査当局はピショッティに接触。ピショッティは協力姿勢を示し、求めに応じてロンドンの在英米国大使館で米捜査官と面談した。ピショッティは自らの行為について詳細に説明し、宣誓書にも署名した。が、司法取引に応じて服役することは拒否した。

2010年2月、法人としてのパーカーITRは司法取引に応じ、罰金229万ドルを支払うことに同意。同年8月、ピショッティは起訴された。ただし、起訴は公開されず、何も知らないピショッティは、それまで通り国外へのビジネス出張を繰り返していた。

2012年、ピショッティはスイス・ルガノで、スイス警察に一時身柄を拘束された。数時間で解放されたため、これ以上、もうお咎めはないだろうと油断してしまった。

しかし、翌2013年6月17日、ナイジェリア出張の帰りにたまたま乗り継ぎのためフランクフルト空港に降り立ったところで、ドイツ警察に逮捕された。[3] 8月5日、ピショッティに対する起訴が公開された。後の祭りだった。

ピショッティも英国人のイアン・ノリスと同じように、ドイツ、イタリア、欧州連合（EU）の裁判所で米国への引き渡し回避を目指して訴訟を起こしたが、いずれも失敗。身柄は2014年4月3日、フランクフルトからフロリダ州マイアミに移送された。

６－１表　ロマノ・ピショッティ引き渡しの経緯

１９９９年初め～２００７年５月	マリンホース・カルテル。ピショッティは少なくとも１９９９年～２００６年11月まで参加
２００６年12月	横浜ゴムが公取委、欧州委などにリニエンシー申請
２００７年５月２日	ＦＢＩ捜査官がヒューストンのホテルなどに踏み込みカルテル参加者８人を逮捕。ピショッティはアトランタ経由でイタリアに帰国
２００７年５月７日	公取委、ブリヂストンと横浜ゴムに立ち入り検査
２００８年	ＦＢＩがピショッティに電話し、司法取引に応じるよう説得。ピショッティは拒否
	ピショッティの弁護士がワシントンに飛び、捜査当局者と協議
２００８年春	ピショッティ、在英米国大使館で米捜査当局者と面談。すべてを話し、宣誓書にも署名。服役は拒否
２０１０年８月26日	米当局、非公開でピショッティを起訴
２０１２年10月22日	ピショッティ、ルガノのホテルでスイス警察に身柄を拘束される。数時間で釈放
２０１３年６月17日	ピショッティ、ナイジェリア出張の帰り、フランクフルト空港で身柄を拘束される
２０１３年８月５日	ピショッティに対する起訴が公開される
２０１４年４月３日	ピショッティ、フランクフルトから移送。マイアミに到着
２０１４年４月４日	司法省がプレスリリース「反トラスト法違反で初の引き渡し」
	ピショッティ、午前11時にフロリダ南部地区連邦地裁に初出廷
２０１４年４月24日	ピショッティ、フロリダ南部地区連邦地裁で有罪答弁。２年（ドイツで拘束されていた９カ月と16日は免除）の禁錮刑と罰金５万ドルを言い渡される
２０１５年３月16日	ピショッティ釈放。パスポート紛失のためアトランタの移民収容所に留め置かれる
２０１５年４月14日	ピショッティ、米国を出国

翌4日、米司法省は「反トラスト法違反で初の引き渡しに成功」と、誇らしげにプレスリリースを発表。ピショッティは同日午前、フロリダ南部地区連邦地裁に出廷した。ピショッティは、すでに在英米大使館で宣誓書に署名しており、罪状を争うことは事実上不可能だったため、結局、司法取引を受け入れた。4月24日、名目2年（ドイツで拘束されていた9ヵ月と16日は免除）の禁錮刑と、罰金5万ドルの支払いを言い渡された。裁判所はピショッティの協力姿勢を考慮し、最終的に刑期は3ヵ月減刑された。

ピショッティは刑務所を何カ所か転々とした。大半の刑期を過ごしたのは、ジョージア州フォークストンにある、運営を民間に委託している連邦刑務所、D・レイ・ジェームズ矯正施設だった。2015年3月16日まで服役した。

ただ、施設の職員が彼のパスポートを紛失したため、再発行までの間、ジョージア州アトランタ近郊の移民収容施設に1カ月近く留め置かれるというオチがついた。米国を出国できたのは4月14日だった。

個人には物語がある

2015年12月9日、情報サービス会社MLexは、ロマノ・ピショッティのインタビュー記事を配信した。米国への引き渡しの経緯や、米国での刑務所生活などが詳細に綴られている。インタビューはミラノの北、緑に囲まれたバレーゼ湖を見下ろす丘の斜面に建つ自宅で行われた。当時62歳。この項は、ほぼその記事に基づいている。

恨み

ジョージア州フォークストンの施設。彼はそこで、約40人が詰め込まれた大部屋に収監された。囚人仲間はほとんどがメキシコ人で、トイレは隅に1カ所しかなかった。有能なビジネスマンと自負していた彼を連邦刑務所に送り込んだ欧州の裁判所や米司法省に、ピショッティはなお怨恨を抱いている。「彼らは私を破滅させた。銀行口座も、家族も、経歴も、すべてだ」。

これに対し、米司法省反トラスト局の次長（当時）、ブレント・スナイダーはインタビューで、こう突き放している。「米国が法を執行したり、合法的な引き渡しを追及したりしたからといって、彼に米国を非難する筋合いはない。われわれが取った行動は、彼が選択したこと［カルテル行為と、自主的な出頭の拒否］の結果なのだ」。

マリンホース・カルテル事件では、横浜ゴムが米司法省にリニエンシーを申請。司法省は同社の協力を得ておとり捜査を行い、結果的にブリヂストンやパーカーＩＴＲなどカルテル参加企業と個人の訴追につなげた。

ピショッティはこの点についても恨みを持っていた。彼は、将来、競争法の調査でつかまるのを回避するためのアドバイスを提供するウェブサイトを立ち上げるようなことがあれば、ルールその1は「日本企業とカルテルを結ぶべからず」にすると話した。横浜ゴムに密告されたことが、相当悔しかったようだ。

アンダーシール

ピショッティにとって不幸だったのは、2010年8月26日、起訴された際、「アンダーシール」扱いされたことだ。直訳すれば封緘、要は秘密にされたということだ。

起訴された側としては、自分が訴追対象となっていることが分からない。ピショッティに関する情報はインターポールの赤手配書リストにも掲載されていたはずだが、それも非公開だった。

起訴が公開されたのは、ピショッティがフランクフルト空港で逮捕された2013年6月17日から1ヵ月半が経過した8月5日だった。泳がせておいて、国際的な監視網の下で身柄を拘束する当局のやり方が奏功したと言える。

シグナル

それでも、警告を発するシグナルはいくつかあった。

ピショッティは他のカルテルメンバーが米国で一斉に逮捕された後、イタリアに帰国、仕事に打ち込んでいた。そうこうするうち、ＦＢＩから国際電話がかかってきた。説得に応じ、在英米大使館で米国の捜査官と面談することに同意。捜査に協力する姿勢は見せたが、司法取引に応じて連邦刑務所に入ることだけは拒否した。

その後、国外に出てもパスポート審査に引っかかることはなかった。

ところが、２０１２年10月、出張でスイス・ルガノのホテルに滞在中、早朝にスイス警察に踏み込まれた。警察はインターポールの赤手配書のコピーを見せた。ピショッティは警察署に連行された。手荒い扱いを受けることはなく、午前中に解放された。

解放される際、ドイツ語で書かれた文書の英訳を示された。そこには「カルテルから相当の時間が経過しているため解放される」というような記述があった。

スイス警察がなぜ、赤手配書に基づいてピショッティを逮捕することなく、数時間で解放してしまったのか明確ではない。ただ少なくともピショッティは、身の危険を察知したはずだ。

実際、スイスの弁護士にこの出来事について相談している。しかし、弁護士はピンとこなかったようだ。弁護士が有能なら、赤手配書に掲載されている以上、国外出張は控えるよう忠告したはずだ。逆に、ピショッティは「これでもう米国との問題はすべて終わった」と、気を抜いてしまった。

国籍で明暗

２０１３年６月17日、ピショッティはナイジェリア・ラゴスからの帰り、いつも使っているエールフランス便がキャンセルになったため、ルフトハンザ便に乗った。早朝５時20分、乗り継ぎのためフランクフルト空港で搭乗機を降りた。

そこで人生で初めて、パスポート審査に引っかかった。空港内の警察施設で再び赤手配書のコピーを見せられた。ドイツ警察に躊躇はなかった。ピショッティはフランクフルト市内の施設に留置された。

ドイツは米国との間で、犯罪人引き渡し条約を締結している。ピショッティが米国で問われた訴因の一つである入札談合は、ドイツでも犯罪だった。双罰性規定を満たした。

しかし、ドイツでは、外国から犯罪人の引き渡しを請求された場合でも、自国民については、基本法（憲法）によって引き渡しは原則禁じられている。実際、同じマリンホース・カルテル事件でやはり米国で起訴されたドイツ人ウーウェ・バンゲルトは、ドイツ国内に今もとどまっている。

バンゲルトはＭＬｅｘの取材に対し、「国外に出るつもりはない」と語っている。身柄拘束、引き渡しのリスクを恐れ、穴熊戦法を決め込む決意をしているのだ。
ピショッティはドイツ国民でなかったために、米国へ引き渡されたのである。

「遺伝子スパイ事件」

これまで、米司法省反トラスト局によるカルテル事件絡みの外国人引き渡し事例を見てきた。幸いなことに、日本人は含まれていない。しかし、反トラスト法関連ではないが、過去に日本人のホワイトカラー犯罪で引き渡し寸前までプロセスが進んだ事案がある。カルテル事件での日本人引き渡しの可能性を占う上で参考になるため、引き渡し手続きなど制度面も含めて振り返ってみたい。

2001年5月10日午前8時前、後に「遺伝子スパイ事件」と呼ばれる重大ニュースが海の向こうから飛び込んできた。

理化学研究所（理研）の幹部研究員と、その知り合いで米国在住の研究者の2人が、「産業スパイ」の罪で起訴されたという内容だった。

起訴されたのは、当時、理研の神経変性シグナル研究チームのチームリーダーだった岡本卓《たかし》（当時40歳）と、カンザス大学医療センターの研究員、芹沢宏明（同39歳）の両名だった。

経緯は以下の通りだ。

岡本は1997年2月から1999年7月まで、アルツハイマー病の研究で有名な米オハイオ州のクリーブランド・クリニック財団（CCF）に勤務。1999年7月8日から翌9日にかけての深夜、研究の過程で作成した組み換え用遺伝子や細胞の培養液などの試料を許可なく持ち出した。また一部を破壊した。

試料はいったん、知り合いの芹沢に預けた。岡本は7月末、CCFを退職し、日本に帰国。8月半ば、再び米国に戻って芹沢に預けていた試料を受け取り、日本に持ち帰った。

岡本は9月から理研に本採用された。米国から持ち帰った試料は、理研に持ち込まれた。

2001年5月9日、岡本、芹沢両名は「経済スパイ法」違反などの容疑で起訴された。芹沢は現地時間で9日の朝、勤務先のカンザス大学医療センターの駐車場でFBIに逮捕された（翌10日に保釈）。

岡本は7月15日、理研に辞表を提出、受理された。

表面的には、米国の最先端の遺伝子技術を元理研職員が盗んだ産業スパイ事件とみられても仕方がなかった。起訴事実では、特に岡本が理研に所属していることが問題視された。「両被告人〔岡本と芹沢〕および複数の第三者〔共謀者がいたとされる〕が共謀した目的は、盗んだDNAなどを日本の準公的機関である理研に提供することだった」

６－２表　「遺伝子スパイ事件」の経緯

１９９２年	岡本卓、渡米
１９９６年	米、経済スパイ法を施行
１９９７年２月	岡本、米クリーブランド・クリニック財団（ＣＣＦ）に勤務
１９９９年７月８日	深夜、岡本がＣＣＦの遺伝子試料を持ち出し、12日ごろ、芹沢宏明に預ける
１９９９年７月26日	岡本、ＣＣＦを辞職
９月	岡本、理研研究チームリーダーに就任
２００１年５月８日	米当局、岡本、芹沢両名を経済スパイ法違反などの罪で起訴
５月９日	芹沢、カンザス大学医療センターの駐車場でＦＢＩに逮捕される
５月10日	芹沢、昼すぎに保釈
７月15日	岡本、理研に辞表提出。辞職は31日付
７月31日	理研が調査報告で「試料は持ち込まれたが、使われた事実はない」と組織的な関与を否定
９月	岡本、オホーツク海病院に採用される
２００２年３月８日	米国が岡本の身柄引き渡しを請求
５月１日	芹沢が偽証罪を認め、検察側が経済スパイ法違反などの起訴を取り消す司法取引
10月	芹沢が岡本を相手に弁護費用など77万ドルの損害賠償を求め東京地裁に提訴
２００３年５月28日	米連邦地裁、芹沢に罰金５００ドルなどの有罪判決
２００４年１月１日	読売新聞、法務省が１月中にも岡本の身柄の引き渡し手続きを開始する方針固めると１面トップで報道
２００４年２月２日	東京高検が岡本の身柄拘束、東京拘置所に収容。東京高裁に引き渡し審査請求
３月10日	東京高裁が審問
29日	午前10時前、東京高裁が引き渡しを認めない決定。岡本、午後１時すぎ釈放
３月30日	岡本、オホーツク海病院で通常勤務に復帰

これに対し理研は7月31日、事件に関する調査結果を発表、「試薬は持ち込まれたが、使われた事実はない」とし、組織的な関与を否定した。しかし、オハイオ北部地区連邦地検の検事、エミリー・スウィーニーは、理研が資金の94％を日本政府から受け取っている点を指摘した。FBIクリーブランド支局は、この事件でCCF側が少なくとも200万ドル相当の損害を受けたと主張した。米国側から見れば、米国の貴重なトレードシークレット（業務上の機密情報、営業秘密）を盗み、外国の国策研究所を利するための典型的な産業スパイ事件だった。

理研は日本で唯一の自然科学の総合研究所で、最先端の研究を担っている。1917年に財団法人として創設。戦後、株式会社科学研究所、特殊法人時代を経て、2003年10月に文部科学省所轄の独立行政法人として再発足。2015年4月に国立研究開発法人理化学研究所となった経緯がある。

当初、日本では「産業スパイ法」違反と報道されたが、米司法省が持ち出してきたのは、実際には「経済スパイ法」だった。同法は、岡本がクリーブランド・クリニック財団（CCF）に採用される前年の1996年に施行された。2001年の岡本、芹沢両名の起訴が、同法に基づく初の摘発事例となった。

経済スパイ法の狙いは、米国の知的財産権の保護や、外国からの産業スパイの防止にある。外国の政府や企業への利益を図る目的で窃盗などの違法な手段でトレードシークレットを入手したり、提供したりすることを禁じている。違反が認定されれば、個人の場合、最長15年の禁錮刑か最大50万ドルの罰金、もしくは両方が科される。

引き渡し認めず

岡本は2001年7月31日付で理研を辞職した後、北海道北見市のオホーツク海病院に医師として採用された。同病院の伊藤悟事務長（当時）は、「面接の際、［「遺伝子スパイ」］事件のことも正直に話してくれ、むしろ好印象を持った。患者から絶大な信頼を得ていた」と語っている（読売オンライン、2004年3月10日）。

2004年元旦、地元の患者に接する勤務医としての岡本の日常は破られた。『読売新聞』朝刊が「遺伝子スパイ事件、元理研研究員岡本被告を米に引き渡しへ」と、1面トップで報じたのだ。

「アルツハイマー病の研究試料を研究所から持ち出したとして、日本人研究者が米国で経済スパイ法違反などの罪で起訴された遺伝子スパイ事件で、法務省は1月中にも、主犯とされた元理化学研究所チームリーダー・岡本卓（たかし）被告（43）（日本在住）の身柄について、米国側への引き渡し手続きを開始する方針を固めた」

スクープ記事だった。事態は急展開した。2月2日、東京高等検察庁が岡本の身柄を拘束。米国への引き渡しに向けた審査を東京高等裁判所に請求した。3月10日、東京高裁は審問を開き、岡本が意見陳述。補佐人の弁護士は、「経済スパイ法は無罪で、引き渡しはできない」と主張した。しかし、引き渡しは不可避との見方が強まっていった。

ここで、引き渡しの流れについて見ておきたい。まず、米国は逃亡者について外交ルートを通じて日本側に引き渡しを請求する。それを、外務大臣が法務大臣に通知。法務大臣は東京高検に命じ、対象となる被告人の身柄を拘束し、東京高裁に対して審査を請求する。東京高裁は被告人や弁護人、検察官の意見を聞き、2ヵ月以内に可否を決定する。

東京高裁が引き渡しを認めた場合、法務大臣が最終判断した上で、東京高検に引き渡しを命令、被告人は30日以内に引き渡される。東京高裁が認めなかった場合には、釈放される。引き渡し審査に不服申し立て制度はなく、東京高裁の判断が事実上、最終決定となる。

1953年に制定された逃亡犯罪人引き渡し法は、外国から引き渡しを請求されても「逃亡犯罪人が日本国民であるとき」、「引き渡してはならない」と定めている（第2条9号）。「逃亡犯罪人」とは、「引渡犯罪について請求国の刑事に関する手続が行なわれた者」とされている。英訳では fugitive だ。

「自国民不引き渡しの原則」は、国際的にも認められている。引き渡して請求国の公権力に

6－3図　日米犯罪人引き渡し条約に基づく引き渡しの流れ

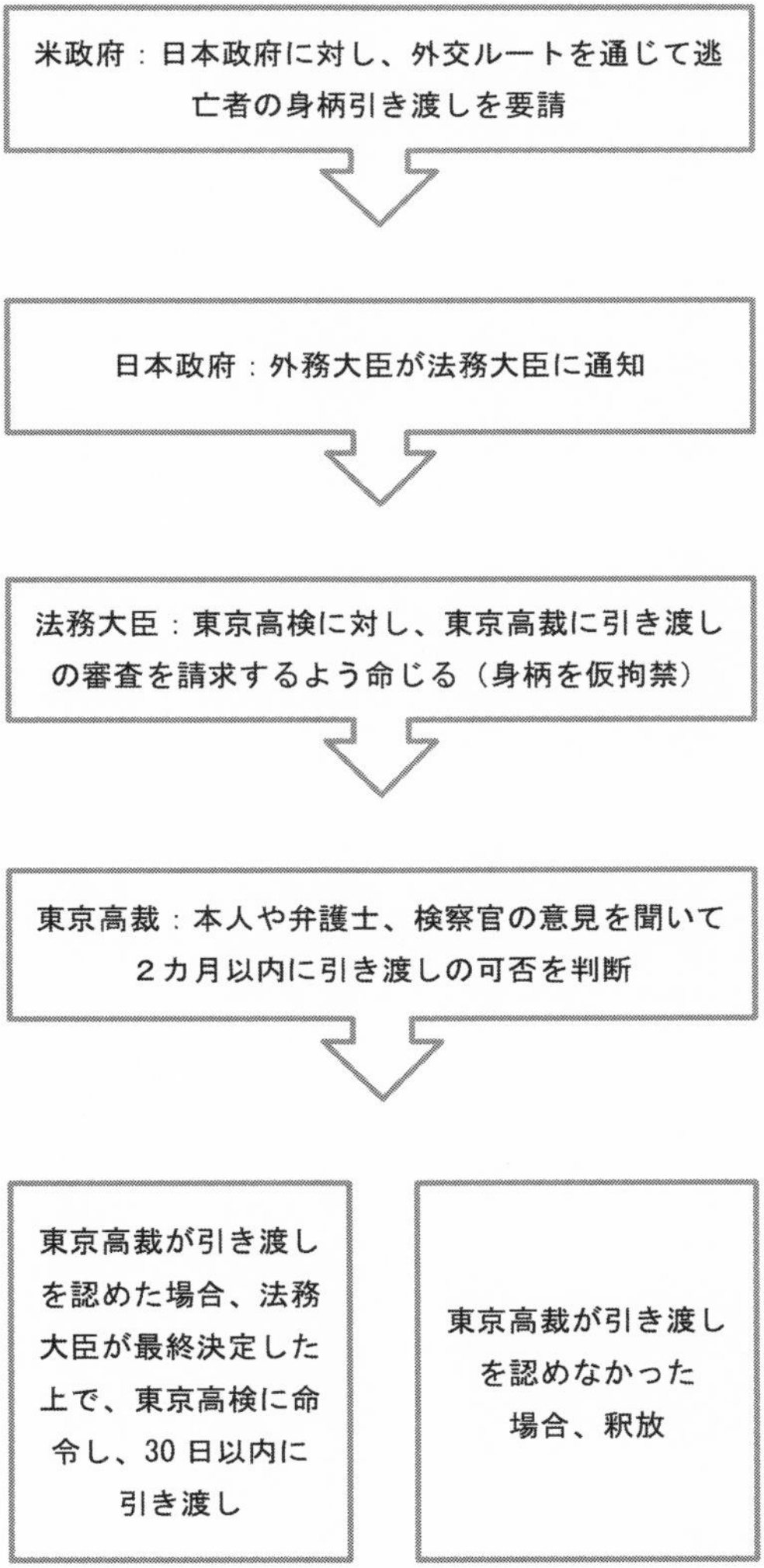
米政府：日本政府に対し、外交ルートを通じて逃亡者の身柄引き渡しを要請
日本政府：外務大臣が法務大臣に通知
法務大臣：東京高検に対し、東京高裁に引き渡しの審査を請求するよう命じる（身柄を仮拘禁）
東京高裁：本人や弁護士、検察官の意見を聞いて２カ月以内に引き渡しの可否を判断
東京高裁が引き渡しを認めた場合、法務大臣が最終決定した上で、東京高検に命令し、30日以内に引き渡し
東京高裁が引き渡しを認めなかった場合、釈放

委ねてしまえば、主権を放棄することになるからだ。

例外がある。相手が米国と韓国の場合だ。日本は米国との間で1978年、韓国との間で2002年、犯罪人引き渡し条約に署名した。

日米犯罪人引き渡し条約第5条は、「被請求国は、自国民を引き渡す義務を負わない。ただし、被請求国は、その裁量により自国民を引き渡すことができる」と定めている。

この条約には「逃亡犯罪人」あるいは「逃亡者」という言葉はない。引き渡しの対象は「第2条1に規定する犯罪について訴追し、審判し、又は刑罰を執行するために他方の締約国からその引渡しを求められた者であってその領域〔自国領域〕において発見されたもの」とされている。

日米犯罪人引き渡し条約に基づいて米国からの要請があれば、日本政府は自国民であっても差し出す用意がある、ということなのである。こうした民事、刑事手続きにおける各国司法・捜査機関の間の協力は国際司法共助あるいは国際共助と呼ばれる。

日米犯罪人引き渡し条約では、付表（6－4表）に引き渡しの対象となる犯罪が列挙されており、「殺人」「強盗」「贈賄、収賄」「窃盗」などとある。ただし、軽い犯罪は引き渡し対象外で、日米両国で「死刑又は無期若しくは長期一年を超える拘禁刑に処することとされている」（第2条1）犯罪に限定される。

岡本の場合、米国の研究所から遺伝子試料を日本に持ち帰ったことが、「窃盗」に当たるかどうかが問われた。

2004年3月29日、東京高裁で岡本の米国への引き渡しの是非をめぐる判断が下された。「東京高裁、岡本卓被告の米国への引き渡し認めず」。メディアの速報が流れたのは午前10時前だった。

決定の主文には「本件は、逃亡犯罪人を引き渡すことができない場合に該当する」とあった。完全勝利だった。岡本は午後1時すぎに釈放され、車で東京拘置所を出た。

東京高裁の須田 賢《まさる》裁判長は決定で、日米犯罪人引き渡し条約に基づいて引き渡しが実行されるためには「請求国〔米国〕の法令に基づく引渡犯罪の嫌疑が認められなければ」ならないと指摘。経済スパイ法違反が成立するには、岡本に理研の利益を図る目的があったことが必要とした上で、岡本側、検察側双方の資料を総合して検討すると、岡本が理研の「利益に資することを意図し、又はこれを知っていたと疑うに足りる相当の理由があるとは認められない」との判断を示した。

日本の法務、検察当局は、岡本の行為が日本でも窃盗や器物損壊罪などに当たるとしていたが、これについても須田は、条約や法の規定の解釈に無理があると退けた。事実上の無罪判断だった。

6-4表　日米犯罪人引き渡し条約で対象となる犯罪

1	殺人、傷害致死又は重過失致死（自殺の教唆又はほう助を含む。）
2	人を殺す意図をもつて行われた暴行
3	悪質な傷害、重過失致傷又は暴行
4	堕胎
5	遺棄致死傷
6	略取、誘かい又は不法な逮捕若しくは監禁に関する罪
7	脅迫
8	強かん、強制わいせつ
9	いん行勧誘又は売春に関する罪
10	わいせつ物に関する罪
11	重婚
12	住居侵入
13	強盗
14	窃盗
15	恐かつ
16	詐欺（欺もう的手段により財物、金銭、有価証券その他の経済的価値を有するものを取得すること）
17	横領、背任
18	ぞう物に関する罪
19	財物、文書又は施設の損壊に関する罪
20	工業所有権又は著作権の保護に関する法令に違反する罪
21	暴行又は脅迫による業務妨害
22	放火、重過失による失火
23	騒じよう［擾］の主導、指揮又はせん動

24	公衆の健康の保護に関する法令に違反する罪
25	激発力、水力その他の破壊的手段により公共の危険を生じさせる罪
26	国際法上の海賊
27	列車、航空機、船舶その他の交通手段の不法な奪取又は管理に関する罪
28	列車、航空機、船舶その他の交通手段の正常な運行を妨げ又はこれに危険を生じさせる罪
29	爆発物、火炎装置又は危険な若しくは禁止された武器の規制に関する法令に違反する罪
30	麻薬、大麻、向精神薬若しくはコカイン又はそれらの原料若しくは派生物その他の危険な薬品若しくは化学製品の規制に関する法令に違反する罪
31	毒物その他の健康に有害な物質の規制に関する法令に違反する罪
32	偽造に関する罪
33	とばく又は富くじの規制に関する法令に違反する罪
34	公務執行妨害、職務強要
35	虚偽報告に関する罪
36	偽証に関する罪
37	この条約の第二条1に規定する犯罪を行つたことによつて拘禁され又は刑に服している者の逃走に関する罪
38	犯人蔵匿、証拠隠滅その他の司法作用の妨害に関する罪
39	贈賄、収賄
40	職権濫用に関する罪
41	公職の選挙又は政治資金の規制に関する法令に違反する罪
42	脱税に関する罪
43	会社その他の法人の規制に関する法令に違反する罪
44	破産又は会社更生に関する法令に違反する罪
45	私的独占又は不公正な商取引の禁止に関する法令に違反する罪
46	輸出入又は資金の国際移動の規制に関する法令に違反する罪
47	前記の各罪の未遂、共謀、ほう助、教唆又は予備

出典：日米犯罪人引き渡し条約「付表」

日米犯罪人引き渡し条約は１９８０年に発効。以来、この時点までに米国に引き渡された日本人は８人いた。岡本は、引き渡しが認められなかった初めてのケースとなった。

東京高裁の決定を受けて岡本の弁護士、清井礼司は直ちに記者会見し、「条約や法律の条文に忠実に裁判所が判断したという一言に尽きる」と評価。法務省に関しては、「条文を無視した思慮の浅い審査請求で、弾劾せざるを得ない」と非難した。

岡本の上司だった理研脳科学総合研究センターグループディレクターの貫名《ぬきな》信行も、「画期的な判断だ。どう考えてもスパイ行為ではないと思っていたが、身柄を渡してしまえば、有罪の可能性もあった。裁判所が日本政府に対して独立性を保っている証拠だ」と歓迎した。

法相の野沢太三は「詳細は承知していないが、法務大臣としては司法府の判断なので厳粛に受け止める」と語った。

法務省国際課には、決定を受けて報道関係者などからの問い合わせが殺到した。国際課長の岡村和美は記者会見を開き、「決定は厳粛に受け止めるが、米国の裁判で判断されるべき有罪、無罪を日本で先取りして判断するのは、身柄引き渡しという国際協力の趣旨に照らして問題がある」と、決定内容に疑問を呈した。

法務省が懸念したのは、米国の裁判所が有罪か無罪かを裁いてもいない段階で、日本の裁判所が勝手に判断してしまえば、国際協力に水を差しかねないという点だった。

土本武司帝京大学教授（元最高検検事）も、従来、引き渡し請求国の判断に委ねてきた部分にまで踏み込んでしまった結果となり、「犯罪人引き渡し制度自体がうまく機能しなくなる恐れ」があると述べた。実際、引き渡し審査の際、有罪か無罪かを先取りして判断している国はない。

米当局の間には、失望が広がった。司法省スポークスマンは29日の記者会見で、「東京高裁がわれわれの要求を否定したことは遺憾だ」と述べた。4月に来日したＦＢＩ長官のロバート・モラーは同月23日に東京都内の米国大使館で記者会見した際、東京高裁決定について聞かれ、「当然、失望した」と語った。ただ、「（日米間で）司法制度が違うことは理解している」とも述べ、表立った批判は控えた。

米国の関係者は、当初から冷静に受け止めていた。

米誌『サイエンス』は、「岡本の同僚は、彼は才気にあふれている半面、エキセントリックなところもあると語っているが、問題の試薬には商業的な価値がなさそうであるため、問われている罪状が重大であることに当惑している」（電子版、２００１年5月15日号）と伝えていた。[4]

岡本が勤務していたクリーブランド・クリニック財団（ＣＣＦ）ラーナー研究所の所長、ジョージ・スタークは、岡本が頼んできていれば、試薬を持ち出す許可は与えられただろうと語っている。その理由として、「それが標準的な手続き」であることに加え、岡本の研究には特許につながるような発見がなかった点を指摘した。[5]

つまり、岡本が日本に持ち帰った試薬には、知的財産としての価値がほとんどなかったということになる。

岡本はＣＣＦに採用される前、１９９２年から米ハーバード大学で研究員として研究していた。そのときの指導教官の１人、西本征央（慶応大学医学部教授）は、「ＤＮＡ試料を持ち出したのが事実だとしても、本来は民事の話」（『毎日新聞』電子版、２００１年5月11日）と語っている。

スタークによれば、岡本の研究室のポスドクが、試薬がなくなっていることを報告。研究所で内部調査を行った後、地元警察に連絡。警察がＦＢＩに知らせたという。ＦＢＩ事案になった段階で、重い刑事罰を伴う経済スパイ法違反の重大犯罪にでっち上げられてしまった可能性がある。

メディアも「遺伝子スパイ事件」と騒ぎ立てたが、実態としてはせいぜい「遺伝子スパイ騒動」にすぎなかったのである。

教訓

「遺伝子スパイ事件」をめぐる一連の経緯は、現在もなお有効な、貴重な教訓をもたらしたのではないだろうか。

圧力

まず、これまで見てきたように、米国の司法当局は法の厳格な執行を至上命題としている。武器を手にしたからには実戦で使いたいという、欲動のようなものが感じられる。政治的な圧力が背景にある場合もある。「遺伝子スパイ事件」がまさにそれに当たる。

経済スパイ法は１９９６年に施行された。岡本は芹沢とともに、同法に基づいて起訴された第1号となった。米司法省やＦＢＩはプレスリリースなどでその点を強調した。

ＦＢＩクリーブランド支局の特別捜査官バン・ハープは米紙『ワシントン・ポスト』（電子版、２００1年5月10日）に対し、岡本らの起訴について「（経済スパイ）法を承認した議会の意思が具現化されたものだ」と、摘発の意義を強調した。[6]

米科学誌『ネイチャー・ニューロサイエンス』（電子版、２００1年８５1号）は、「司法省が新しい法〔経済スパイ法〕に基づいて有罪を勝ち取りたいという圧力にさらされていたことに疑いの余地はない」と分析した。[7]

反トラスト法の執行も同じ理屈だ。法は飾り物ではない、執行するまでだ。米経済や消費者に害を与えている企業や個人、それもなるべく大物を訴追することに、米司法省反トラスト局の存在理由があるのである。

個人には酷

ある法務省幹部は東京高裁の不引き渡し決定を受け、「岡本氏をスパイとするのは忍びないが、窃盗行為などは認めざるを得ない。帰国せずに現地で主張していれば、こんなに事態が複雑化することもなかった」（『東奥日報』電子版、２００４年3月29日）と語った。

大騒ぎになって迷惑だと言わんばかりのコメントだ。岡本が米国内にとどまり、あるいは自主的に米国に赴いて裁判を受けていたら、有罪となり、禁錮刑を科されていた可能性が高い。司法取引を選んだとしても、禁錮刑は免れなかっただろう。結果論だが、日本にとどまっていたからこそ、東京高裁による実質無罪判断を勝ち取れたのだ。

岡本がＣＣＦを辞したのは１９９９年7月末。理研に職を得たのは同年9月。起訴されたのは翌々年の２００１年5月だった。多額の弁護士費用や英語というハンデを抱え込んでまで、米国で先の読めない訴訟に専念すべきだったという考えは、酷ではないだろうか。しかも、理研の職を捨ててまで（結局辞めることになったが）。この法務省幹部は、厄介な問題は個人で処理してくれ、対米関係に悪影響を及ぼしでもしたらどうしてくれる、と言っているに等しい。

東京高裁の判断は予見不能

「遺伝子スパイ事件」では、東京高裁は事実上の無罪判断を下し、政治に対する独立性を示した。岡本の補佐人を務めた清井礼司は決定を受け、米国から引き渡しを要求されて以降、引き渡しの審査請求を行わないよう法務省に対して再三、意見書や上申書を提出してきたにもかかわらず、同省が「警告を無視」したと批判。「責任を取ってもらう」と語った。

岡本は後に、「不当な拘束で精神的苦痛を受けた」として、国に慰謝料やかかった弁護士費用など合計4290万円の損害賠償を求める訴訟を東京地方裁判所に起こした。しかし、2006年10月31日、東京地裁は、岡本が捜査対象となったことを知って一時所在不明になったことや、DNA試料の持ち出しを一時否認したことを挙げ、東京高裁に引き渡しの審査を請求した東京高検の判断は合理的だったとして、訴えを棄却した。

岡本がCCFから試料を持ち出したり、破損させたりしたのは事実だ。東京地裁が指摘したように、その後の行動にも非がなかったとは言えない。「本件は、逃亡犯罪人を引き渡すことができる場合に該当する」という悲劇的な決定が出されていたとしても、メディアや世論も是とした可能性がある。いったん裁判所の判断に委ねられれば、先は読めない。不引き渡しの決定は、極めてまれなケースだったのである。

孤立無援の闘い

岡本が２００４年2月、東京高検に身柄を拘束されたのを受け、岡本の勤務先のオホーツク海病院では患者や医師らで「岡本卓氏を守る会」を結成。米国への引き渡し反対の署名を20日間弱で約3万5０００人分集め、弁護士を通じて東京高裁に提出していた。「無罪」決定が出ると、病院では職員の間から歓声が上がった。患者も「良かった」と安堵した。理研の元上司も喜んだ。

自動車部品カルテル事件で起訴された個人の場合はどうだろうか。前述のように、米国ではカルテルは重罪で、個人を訴追する動きが強まっている。日本でも今後、個人に実刑が科される可能性は否定できない。

個人は会社からカーブアウトされ、会社とは別の弁護士をつけて闘わなければならない。会社としては、カーブアウトされた従業員を表立って支援できない。まして、司法妨害など禁じ手を犯してしまった従業員であれば、なおさら距離を置かざるを得ない。

岡本の場合は、「商業的な価値がない」とされるものを日本に持ち帰ったことが、そもそも重大な犯罪なのかという疑問も湧いてくる。仮に不正行為だったとしても、研究者であるがゆえに仲間の支えがあり、勤務医であるがゆえに患者や同僚、地域の支援も得られた。

ビジネスマンの場合、たとえ動機が会社のためであったとしても、違法行為を犯して捕まったのだから引き渡されても仕方がない、としかみられないだろう。法的にも、心理的にも、ほぼ孤立無援の闘いを強いられることになる。

厳しい世論・マスコミ

『読売新聞』は2004年元旦の1面トップで、「岡本被告、米に引き渡しへ」と書いた。それ以降、他の主要メディアも「引き渡しへ」で、ほぼ論調をそろえた。是非を論じることはなくなり、手続きの進展をフォローする報道が続いた。経済スパイ法はメディアにとっても未知の領域だった。そうして、引き渡しはほぼ既定路線となっていった。それだけに、東京高裁の不引き渡し決定は、メディアにとっても予想外だった。

カルテル事件に絡む引き渡しの場合、様相は違ってくる。プロセスの推移を報道するのはメディアの重要な仕事だ。しかし、カルテル行為自体の是非に関しては、すでに決着がついていると言っていい。現在、カルテルにもやむを得ない面があると理解を示したり、容認したりする論調は見当たらない。

「カルテル体質を根から断て」（『日本経済新聞』、2012年6月15日）

「ベアリング業界　不正な『なれ合い』を断ち切れ」（『読売新聞』朝刊、2012年6月24日）

「海運カルテルの温床を断て」（『日本経済新聞』、2014年1月15日）

「国際カルテル——摘発強化は世界の流れ」（『朝日新聞』、2014年6月30日）

「車部品カルテル　甘えはもう許されない」（『東京新聞』、2014年8月29日）

主要各紙の社説をざっと見ただけでも、カルテルは悪との認識で一致している。カルテルに関与した疑いで個人が米国に引き渡されることになっても、自業自得としかみられない可能性が高い。

ロス疑惑事件

2008年2月22日、かつて世間の耳目を引いたロス疑惑事件の主人公、三浦和義がサイパン島で身柄を拘束された。その27年前の1981年に起きた、三浦の当時の妻、一美に対する銃撃事件をめぐる殺人、共謀容疑での逮捕だった。ロサンゼルス市警が23日、発表した。日本で報じられたのは23日夜だった。

三浦は当時、既に過去の人だった。そのため三浦逮捕のニュースは、驚きをもって受け止められた。「なぜ今ごろになって逮捕されたのか」「なぜサイパンで」「銃撃事件は無罪だったはずでは」。過剰とも言える「ロス疑惑」報道を目にしたある一定の年齢以上の人々にとって、新たな逮捕は文字通り寝耳に水だった。

ロス疑惑事件は、主に二つの部分からなる。1981年8月13日、一美が滞在中のロサンゼルスのホテルで何者か（元女優、後に有罪となり2年6ヵ月服役）に襲われた「殴打事件」と、11月18日、やはりロサンゼルスで一美と三浦が銃撃され、1年後に一美が死亡した「銃撃事件」だ。

1998年9月16日、三浦は「殴打事件」について、最高裁で懲役6年が確定。未決拘置日数を差し引いた2年2ヵ月服役し、2001年1月に出所した。「銃撃事件」については、2003年3月6日、最高裁で無罪が確定していた。つまり、サイパンで逮捕された2008年当時、三浦は自由の身だった。[8]

三浦はサイパンで、弁護士を通じて米国本土への移送を阻止しようと試みた。しかし奏功せず、2008年10月10日、ロサンゼルスに移送された。三浦の移送を担当したロサンゼルス市警の捜査官、リック・ジャクソンはロス到着後、「ようやく米国本土に連れ戻した」と記者団に語った。ジャクソンの口元からは、思わず笑みがこぼれた。

ロス市警が1988年に三浦の逮捕状を取ってから、20年の歳月が流れていた。

日本では殺人罪の時効は25年であったが、カリフォルニア州では時効はない。ロス市警は三浦を米国に連れて来ることができれば、同州の法律で裁き、有罪にできると考えていた。その機会を20年にわたって虎視眈々と狙っていた。その役割を果たしたのが、ロス市警の「コールドケース（未解決事件）捜査班」だった。

三浦逮捕のきっかけは、日本では21世紀に入って利用が拡大したブログだった。三浦は「殴打事件」での服役を終えた2001年1月にブログを開設し、冤罪事件の支援や執筆活動など、自らの日常をつづっていた（『朝日新聞』電子版、2008年2月29日）。

ロス市警で「銃撃事件」発生後に捜査を担当、当時すでに引退していた元刑事のジミー佐古田がこのブログの存在を知ったのが2005年初め。頻繁に海外旅行を繰り返し、旅行予定まで書き込んでいた三浦は、佐古田に行動を察知されることになった。

佐古田は、引退後もロス市警に協力していた。サイパンでの逮捕劇は、ロス市警が三浦の最新の旅行計画をつかみ、サイパン当局に身柄拘束を要請したことによって実現した。三浦にとって、ブログが文字通り命取りになった。

「僕は、この20年間一度もアメリカに行ったことはありませんし、サイパンがアメリカ領域（?）にあることもまったく知りませんでした。また、アメリカから1988年に逮捕状が出

6－5表　三浦和義をめぐる主な動き

1979年7月	三浦和義、一美と結婚
81年8月13日	一美、ロサンゼルスのホテルで襲われ負傷（殴打事件）
11月18日	一美、ロスで銃撃され重傷。三浦も足を負傷（銃撃事件）
82年11月30日	一美死亡
84年1月19日	週刊文春が「疑惑の銃弾」シリーズの掲載開始
85年9月11日	警視庁が殴打事件の殺人未遂容疑で三浦を逮捕
87年8月7日	東京地裁、殴打事件で三浦に懲役6年
88年5月5日	ロサンゼルス郡地裁、三浦の逮捕状を発布
88年10月	警視庁、銃撃事件の殺人容疑で三浦を逮捕
94年3月31日	東京地裁、銃撃事件で三浦に無期懲役
98年7月1日	東京高裁、銃撃事件で三浦に無罪判決
9月16日	最高裁、殴打事件で三浦の上告棄却。懲役6年が確定
98年11月	三浦、未決拘留日数差し引いた2年2カ月の服役開始（2001年1月まで）
2003年3月6日	最高裁、銃撃事件で検察側の上告棄却。無罪確定
08年2月22日	渡航先の米自治領サイパン島で、現地当局がロス市警の要請に基づき銃撃事件の殺人と共謀容疑で三浦を逮捕
9月12日	サイパンの自治領地裁が三浦の人身保護請求を棄却。ロス移送認める
23日	自治領最高裁、地裁決定を支持
27日	ロス郡地裁、逮捕状取り消し請求で殺人罪を無効、共謀罪を有効とする決定
29日	三浦がサイパンの米連邦地裁審理で人身保護請求を取り下げ。ロス移送に同意
10月10日	三浦、サイパンからロスに到着
11日	三浦が留置施設内で自殺（61歳）

ていることもまったく知らされていませんでしたし、そんなことは思いもよらないことでした」

三浦は2月のサイパンでの逮捕後、拘置施設で手記にこうつづった。

手記は、月刊『創』２００８年5月号に掲載された。[10] 手記を読むと、三浦が海外旅行に関して、まったく用心していなかったことが分かる。

サイパン島はテニアン島、ロタ島などとともに北マリアナ諸島を構成し、現在、米国の自治領だ。自治政府があり、外交と防衛はアメリカ合衆国に委任している。第2次世界大戦中は日本の委任統治領で、日米両軍の激戦地となった。日本からの距離は約２４００キロ、直行便なら約3時間半の距離で、「日本から最も近いアメリカ」がキャッチフレーズだ。

サイパンから米国本土、たとえばロサンゼルスまでなら飛行機で18時間以上かかるが、あくまでアメリカ合衆国の自治領。ロス市警の担当者は三浦の逮捕直後の記者会見で、米国への三浦の身柄の移送について「州から州へ移送するのとそれほど変わらないと考えている」と語っている。米国の法律で処罰することに執念を抱き続けていた米警察当局にとって、距離は大した問題ではなかったのである。

一事不再理

三浦は『創』に寄せた手記で、逮捕されたことについて思いを述べている。

「既に日本の最高裁で無罪判決が確定した件で逮捕するというのですから、本当に驚きました。怒りで体中が燃えるように感じました。今は2008年、それがなんで2003年3月に最高裁判所担当裁判官が全員一致で無罪判決を下した件で、再び逮捕されなければならないのか…!」

まさにこの点が争点だった。三浦はサイパンで、ロサンゼルスへの移送を阻止すべく、1988年の逮捕状を無効とする申し立てをロサンゼルス郡地裁に起こした。日本で無罪が確定した事件を再び裁くことは、一事不再理の原則に反するという点が、主張の柱だった。

日本国憲法第39条に「何人も（中略）既に無罪とされた行為については、刑事上の責任を問はれない」とある。無罪判決が確定した後で、新たに有罪を証明できる証拠が見つかったとしても、改めて裁判を行うことはできないという規定だ。カリフォルニア州の刑法にも、同様の原則がある。

結局、ロス郡地裁は殺人罪については一事不再理を適用し、無効とした。[11] しかし、共謀罪については、一事不再理は適用できないとし、有効と認定した。

共謀罪をめぐり、三浦の弁護側は「共謀共同正犯〔複数人で犯罪を共謀し、実行したのはその一部であっても、実行しなかった者にも共同正犯の責任を問う考え方〕と同じ概念であり、事実上日本で審理されている」と訴えた。しかし、ロス郡地裁は「日本では共謀罪に基づいて有罪・無罪判決を受けていない」との判断を示し、検察側の主張を認めた。

日本では共謀罪で処罰されていないのだから、一事不再理は適用されないとの結論だった。三浦は、殺人罪ではなく、共謀罪によって、ロサンゼルスに移送されることになった。

共謀罪

共謀罪では、2人以上で犯罪の実行を謀議したこと自体が罪に問われる。実行行為に着手しなくても、謀議があった事実だけで成立する。共謀罪の立証には、共謀罪成立の根拠となる犯行計画を進めた「外的要因」が必要となる。

ロサンゼルス郡地裁が発布した三浦の逮捕状には、共謀罪が成立する根拠となる「外的要因」として、20項目が列挙された。三浦が元女優に旅行費用を出し、ロスで妻を殴打するよう指示した点や、妻に多額の保険を掛けた事実、銃撃事件の現場で実行犯に手で合図を送ったことなどだ。

日本の刑法には、犯罪の実行が前提となる共犯の規定はあるが、共謀罪はなかった。米国では、実際の殺人行為に及んだかどうかとは切り離して、殺人行為の準備をしたかどうかが問われる。殺人とは別の犯罪であり、別々に処罰されることになる。

日本で無罪が確定していた三浦にとって、米捜査当局が共謀罪を持ち出してきたのは想定外だった。虚をつかれた形となった。

三浦は最終的に、ロサンゼルスへの移送に同意した。弁護士に励まされ、「そう言われても、落ち込みますよ」と語っている。同時に、「カリフォルニアへ行く準備はできた。向こうで闘い続ける」と、自分自身を鼓舞してもいた。

そして、ロサンゼルスに到着した2008年10月10日の夜、留置施設で首を吊っているのを発見された。当時、他殺説も流れたが、ロサンゼルス郡検視局は2008年12月3日、「他殺の根拠はない」とし、頸部圧迫による首つり自殺との結論を出した。61歳だった。

共謀罪について、三浦がどう受け止めていたか、今となっては分からない。三浦側に勝ち目もあったとされている。共謀罪についての一事不再理の適用をめぐっても、検察、弁護側双方が争う意向を示していたが、三浦の死によって、適否は未決着のままとなった。

不測の事態も

米司法省反トラスト局主導の外国人の引き渡し実績は少しずつ積み上がっている。弁護士や企業関係者にも教訓がもたらされている。そのため、自動車部品カルテル事件など国際カルテル事件で起訴され、国内にとどまっている日本人ビジネスマンが、不用意に出国する愚を犯す可能性はないと思われる。

しかし、過去に、反トラスト法違反絡みで、間一髪で身柄の拘束、米国への引き渡しを逃れた事例は散見される。

味の素の元部長（当時48歳）は2001年8月、調味料として使われるヌクレオチドの国際カルテルに関与した疑いで起訴された。翌2002年、元部長は海外出張中、インド・ニューデリーで72時間、身柄を拘束された。

インド、米国間の犯罪人引き渡し条約は1999年に発効していた。ただ、インドが競争法を制定したのは2003年1月だった。カルテルはまだ刑事犯罪ではなかったため、元部長は引き渡しを逃れた。

マリンホース事件で唯一、起訴されながら処罰を免れているドイツ人のウーウェ・バンゲルトも、2007年、南米への出張の帰途、コロンビアで身柄を拘束された。コロンビア当局は米国への引き渡しを認めず、バンゲルトを解放した。

バンゲルトはその後、スペインの空港でも再び身柄を拘束された。その際は3カ月間勾留された。スペイン当局も引き渡しを認めなかったため、晴れてドイツに帰還することができた。

帰国後、バンゲルトはドイツ当局に経緯を報告した。当局から、ドイツ国民であるため国内にとどまる限り、米国に引き渡されることはないとのお墨付きを得た。それ以来、北西部ニーダーザクセン州の小都市で暮らしている。

味の素の元部長もバンゲルトも、インターポールの赤手配書に基づいて身柄を拘束されたとみられる。ひとたび国際指名手配されれば、国外に出たらいつ、どこで逮捕されてもおかしくないのである。

空の旅は常に、不測の事態に遭遇するリスクが付き物だ。たとえ国内便であっても、何らかの理由で海外の空港への着陸を強いられる可能性はゼロではない。

ニューヨーク州法曹協会は、航空便利用のリスクについて、こう警告している。「天候条件、機内で病人発生、装備の不具合といった状況によって、『目的地ではない』国に予定外の着陸を余儀なくされる可能性がある[12]」

発生確率は低いかもしれないが、搭乗機がハイジャックされる恐れもある。たまたま利用した便が予定外の第3国に着陸し、そこで赤手配書に基づいて身柄を拘束されれば、米国への引き渡しはその国の判断に委ねられる。そうなれば、イタリア人のロマノ・ピショッティが体験したような、長く苦しい、孤独な闘いを強いられるのである。

ダモクレスの剣

被告は正当に逮捕され、イスラエルに引き渡されたのではなかった。それどころか、彼を裁きに服せしめるために国際法に対する明白な侵犯がなされたのである。イスラエルが拉致などということで問題を解決できたのはひとえにアイヒマンの事実上の無国籍のためだった。[13]

ここでいう「被告」とは、ナチスドイツの親衛隊隊員で、ユダヤ人の強制収容所への移送で中心的な役割を演じたアドルフ・アイヒマンのことだ。アイヒマンは第2次世界大戦後、偽名を名乗り、「無国籍」と記載された亡命者用パスポートを携えてアルゼンチンで暮らしていた。それをイスラエル当局が見つけ出し、対外情報機関モサドの工作員を派遣してイスラエルに拉致した。アイヒマンは裁判にかけられ、1962年、絞首刑に処された。

現在、自動車部品カルテル事件で起訴されたにもかかわらず、米国の裁判所に出頭せず、日本国内に引きこもっている被告人は30人に及ぶ。他のカルテル事件で起訴されて国内にとどまっている被告人を加えれば、約50人に上る。

ただ幸いなことに、米司法省に逃亡者呼ばわりされている日本人ビジネスマンは「無国籍」ではない。日本国籍を持っているかぎり、FBIの捜査官に拉致され、米本土に移送されることはない。逮捕は国家権力の行使に当たるため、日本国内においては、米当局であるFBIがそうした権限を行使することはできないからだ。日本側が引き渡し要請を受理しない限り、国境の壁が守ってくれるのである。[14]

とはいえ、いったん国際指名手配されれば、その烙印を消すことはできない。起訴された段階で、時効は中断する。起訴が取り下げられない限り、起訴された状態が死ぬまで続く。決して国外に出ないと決め込んだとしても、米国からの引き渡し要請の可能性は事実上、永久にゼロにはならない。

米法律事務所シェパード・マリンの弁護士ジェニファー・ドリスコル・チッペンデールは2016年2月、筆者とのインタビューで、自動車部品カルテル事件で起訴された日本人について、米当局から日本政府に対して引き渡し要請がいつなされても驚きではないと語った。

「米政府は、これなら行けるという事案を待っているのではないか。〔自動車部品カルテル事件で〕起訴状態にある日本人の数は27、28人〔当時〕に達しており、米政府は動こうとしていると思う。これだけの人数が起訴されても日本国内にとどまっているのをそのままにすれば、カルテルに対する米政府の厳罰姿勢について誤ったメッセージを発することになるからだ」

カルテルに関与したとして米当局に摘発される日本人ビジネスマンの数は増加する一方だ。比例して、起訴されても国内にとどまっているとみられる日本人も増え続けている。しかし、ドリスコル・チッペンデールの予想とは裏腹に、正式な引き渡し要請はいまだに行われていないようだ。米司法省は日本人の引き渡しをあきらめたのだろうか。

そうではなさそうだ。米司法省が逃亡者の引き渡しを虎視眈々と狙っていることについては、疑いようがない。反トラスト局長（当時）のビル・ベアは2015年5月15日、米下院でこう証言している。

「外国人が海外から米国の消費者を害しようと共謀するなら、責任を逃れることはできない。われわれは外国企業とその幹部を訴追し、米裁判所の管轄圏に入ることを回避しようと企てている外国人の引き渡しを求めていく[15]」

反トラスト局刑執行担当事課長（当時）のマービン・プライスも、自動車部品カルテル事件で起訴されたにもかかわらず日本国内にとどまっている個人が多数に上っていることについて、「在住国からの引き渡しを検討していくことが一つの選択肢であることは間違いない[16]」と明言している。

カルテルに関与したが反トラスト法違反ではなく別の罪状での引き渡し、あるいは本国ではなく第3国からの引き渡しといった、「カルテル絡み」の引き渡しにはすでに成功している。反トラスト局の次の狙いはあくまでも、反トラスト法違反に基づく、被告人の本国からの引き渡しだ。

日本から米国への引き渡しが実現するためには、対象となる行為が両国で犯罪であり、「死刑又は無期若しくは長期一年を超える拘禁刑に処することとされているもの」（日米犯罪人引き渡し条約）である必要がある。

米国ではすでに見てきたように、反トラスト法違反は1年以上の禁錮刑が科される重罪だ。一方、日本では、独禁法違反の場合、これまで懲役の上限は3年だったので、懲役刑の上限であっても、なお執行猶予を付けることが可能だった。２００９年の改正で、上限は5年に引き上げられた。これは、執行猶予が付かないケースもあり得ることを意味する。

ただし、現時点まで、懲役刑はすべて執行猶予付きで、実刑判決が下された事例はない。ということは、米国が日米犯罪人引き渡し条約に基づいて反トラスト法に違反した日本人ビジネスマンの引き渡しを要請してきても、反トラスト法と独禁法とは処罰のレベルが釣り合っていないため、双罰性要件は成立せず、引き渡し義務は発生しないとの議論も不可能ではない。

米法律事務所の競争法に詳しい弁護士は、米国からの引き渡し要請に応じて日本が個人を引き渡すとなると、自国民をより厳しい制度の下に委ねることになるため、「自国民保護の観点から、引き渡しは難しいのではないか」と語る。

しかし、本筋の反トラスト法違反に加えて、悪質な司法妨害など二重三重の嫌疑がかけられている場合、日本側が引き渡し要請を拒否する根拠は弱まる可能性はある。

反トラスト局による引き渡し第1号となった英国人イアン・ノリスも、反トラスト法違反に加え、司法妨害が問われた。長期にわたった英国内での訴訟の末、司法妨害によって引き渡しが認められた。英国では当時、カルテルは違法ではなかった。米当局も、司法妨害を犯したとして処罰した。

米クイン・エマニュエル・アークハート・サリバン法律事務所は2015年8月のリポートで、「ノリス氏が司法妨害に問われていなければ、引き渡しを回避できた公算が大きく、訴追自体も免れた可能性がある」[17]との見方を示している。

自動車部品カルテル事件でも、水面下では、日米間で引き渡しをめぐる協議がなされた形跡がある。ベーカー&マッケンジー法律事務所の弁護士、井上朗によると、ある部品メーカーの幹部社員2人について、シャーマン法に違反したほか、部下に証拠隠滅を指示したとして、米司法省が米国務省に対し、日本側に引き渡しを要請するよう求めたことがあった。米国務省は日本の外務省経由で法務省にその旨を伝えたが、日本側は首を縦に振らなかった。

法務省としては、検討の結果、引き渡し要件を満たさないと判断したとみられる。井上は、「米司法省は自動車部品カルテル事件では引き渡しはもう狙わないかもしれない」とみている。

米大手法律事務所のニューヨーク州弁護士は、「〔反トラスト法違反による日本人〕引き渡しの要請があった場合、法律的なチャレンジであると同時に、政治的なチャレンジでもある。初めてのケースとなるので、米側も日本側も慎重になるべきだ」と語る。

実際、米政府は現在に至るまで、慎重姿勢を維持している。ただし、過去に正式な引き渡し要請がなかったからといって、今後も引き渡しのリスクがゼロであると断言することはできない。

その意味で、ひとたび逃亡者のレッテルを貼られれば、「地獄の辺土」（米法律事務所ヒューズ・ハバード&リード）をさまよい続けるような目に遭うのである。

国際法律事務所ホーガン・ロヴェルズの弁護士、クリストファー・トーマスとジャンニ・デステファノは、「仮に起訴された外国人〔非米国人〕が逃亡することを選んだとすれば、それは実質的には自らの国で捕らわれの身でいることを意味する」[18]と指摘する。

第3国で身柄を拘束されるリスクがあるため、海外に出られない。国内にとどまっていても、引き渡しの恐怖に怯えながら、軟禁状態に置かれたように生きていかなければならない。トーマスとデステファノはそうした状況を「ダモクレスの剣」にたとえている。

ダモクレスの剣は、古代ギリシャの故事だ。シラクサの僭主ディオニシオス1世に仕えた廷臣ダモクレスが、王の幸福をたたえたところ、王はある宴席で、ダモクレスを王座に座らせた。その頭上には、毛1本で剣が吊るされていた。王は、栄華の中にあっても常に危険が潜んでいることを教えようとしたとされる。

起訴されて日本にとどまっている日本人ビジネスマンの頭上にも、ダモクレスの剣がぶら下がっている。それは、引き渡しのリスクにほかならない。

注

1 北村泰三「ヨーロッパ諸国間における犯罪人引渡法制の現代的変容――効率性と人権原則との調和・両立を目指して――」『中央ロー・ジャーナル』第10巻第4号、2014年

2 "The Long Arm of American Law", The Economist, May 12th 2005, 電子版

3 MLexの記事中には、ピショッティは2013年6月16日にフランクフルト空港に到着したとあるが、他の資料(たとえばピショッティの引き渡しを追認した2018年4月10日の欧州連合(EU)司法裁判所の判決文 C-191/16)には17日に乗り換えのために立ち寄ったフランクフルト空港で逮捕されたとあるので、それに従った。

4 "Alzheimer Researcher Indicted for 'Economic Espionage'", Science, May. 15, 2001, 電子版

5 "Science on the Sly", The Scientist, Jun 10, 2002, 電子版

6 "Scientists Accused Of Theft", The Washington Post, May 10, 2001, 電子版

7 "Stretching the definition of espionage", Nature Neuroscience, 4, page851 (2001)

8 ただし、三浦は「殴打事件」の刑期を終えた後、万引きで2度逮捕されている。一度目は起訴猶予。2度目については、サイパンで逮捕された後に移送されたロサンゼルス市警の拘置施設で自殺したため、公訴棄却となった。

9 ロス市警の請求に基づき、ロス郡地裁が１９８８年5月5日発布。容疑事実は、第1項が１９８１年11月18日ごろ、ロサンゼルス市内で違法かつ計画的に一美を殺害した疑い。第2項が、同年7月14日から82年7月9日にかけて「元女優」や「氏名不詳者」らと、一美を殺害して保険金を入手するために共謀した疑い、となっている。

10 現在、三浦の「独占手記」は創出版のウェブサイトで公開されている。http://www.tsukuru.co.jp/tsukuru_blog/2008/11/post-68.html

11 日本で三浦の無罪が確定した２００３年当時、カリフォルニア州刑法は外国の確定判決を一事不再理の対象に含めていた。その後、２００４年の州法改正で対象から外された。ロサンゼルス郡地裁の決定は、改正法の適用は、法律施行前の事件をさかのぼって罰することを禁じた刑罰不遡及の原則に反するとして、弁護側の主張通り、殺人罪に一事不再理を適用した。

12 "International Law Practicum Autumn 2015" Vol.28 No.2, New York State Bar Association

13 ハンナ・アーレント『新版エルサレムのアイヒマン　悪の陳腐さについての報告』

14 例外的な事例として、米麻薬取締局（ＤＥＡ）によってメキシコ人の被告人がメキシコ国内から拉致されたケースがある。この事案では、メキシコ国内でのＤＥＡ捜査官殺害事件に関わった容疑をかけられた被告人について、米国が米・メキシコ犯罪人引き渡し条約に基づいて引き渡しを要請したが、実現しなかった。そ

のためＤＥＡは１９９０年４月、複数のメキシコ人を雇い、メキシコ国内にいた被告人を拉致し、米国に連行した。結局、被告人は無罪判決を勝ち取ったが、連邦最高裁は拉致について、国際法違反の可能性はあるものの、米裁判所で裁くことを否定するものではないとの判断を示した。

15 Bill Baer, "Oversight Of The Antitrust Enforcement Agencies", May 15, 2015

16 『コロンバス・ディスパッチ』（電子版、２０１５年３月22日）

17 "Extradition for U.S. Antitrust Crimes: An Anomaly or the New Normal? ", Quinn Emanuel Urquhart & Sullivan, LLP, August 2015

18 "Cautionary tales for global cartel compliance" MLex AB EXTRA, 2016.9.30

第7章　李下に冠を正さず

おまえ自身の裁判をしなさい。それが一ばんむずかしい裁判じゃ。
サン＝テグジュペリ『ちいさな王子』

外国企業を差別？

自動車部品カルテル摘発の背後に、政治的な思惑はあるのだろうか。

法律専門家の立場で、日本企業に対する差別的な法の執行があると指摘する弁護士がいる。米法律事務所コンスタンティン・キャノンの弁護士、アンカー・カプールとダグラス・ローゼンソールだ。２０１６年６月27日付の『Nikkei Asian Review』に掲載された寄稿文の中で、カプールらは反トラスト法の執行状況について、次のように分析した。

「米司法省反トラスト局のプレスリリースを点検してみると、過去5年間に価格調整か入札談合で収監された者のおそらく80％までが非米国人である。そのうち約75％が日本人である。過去5年間に価格調整で収監された個人のうち約60％、合計30人超が日本人ということになる」

「日本人ビジネスマンは、同じような不正行為もしくはより悪質な不正行為を犯した他の被告人に比べ、より厳しい扱いを受けてきた。これは国際自動車産業における最近の事象〔自動車部品カルテル事件〕で鮮明になったことだ」

カプールらはその一例として、米自動車大手ゼネラル・モーターズ（ＧＭ）のエンジン点火スイッチの欠陥問題で少なくとも死者１０７人、負傷者１９９人[1]が出たにもかかわらず、１人も刑事訴追されていない点を挙げている。

また、２０１５年5月以来、米当局は外国為替取引の不正操作などに関与した米欧金融大手に罰金を科しているものの、個人については一切禁錮刑を科していないと指摘した。[2]

カプールらは、こうした米当局の姿勢はバランスを欠いており、特に日本企業とその社員が不当に扱われていると主張している。

これに対し、米パデュー大学のジョン・コナー教授が反論した。独自に集計したデータに基づき、次のように分析した。[3]

＊１９９０年６月～２０１６年６月の間に米司法省によって国際カルテルに関与した疑いで訴追された個人は３５５人。そのうち禁錮刑のみを科されたのは26人。内訳は日本人が６人で、平均収監期間は15・５ヵ月。残り20人の刑期は平均27・６ヵ月。そのうち米国人が16人を占め、刑期は平均30・７ヵ月。

＊罰金刑のみを科された個人は39人。内訳は日本人が５人で、平均１万６８００ドル。全体平均の５万７６３３ドルを大幅に下回っている。

＊罰金と禁錮刑の両方を科された個人は２２４人。そのうち日本人は44人で、罰金は平均10万２０００ドルと、全体平均（98万５０００ドル）の約10分の１にとどまっている。禁錮刑も日本人の平均は15・３ヵ月で、全体の20・２ヵ月を大幅に下回っている。

＊起訴されながら米国に赴いて裁判を受けなかったり、司法取引に応じなかったりする逃亡者は66人。このうち63人は外国人。日本人は24人で、外国人に占める割合は38％。

＊日本人を含むアジア諸国・地域の被告人に対する罰金は全体平均を大幅に下回り、刑期も大幅に短い。さらに、アジアの被告人は逃亡者となることで、刑事罰を回避できるという「過大な恩恵」を享受している。カプールらの主張は、最近の自動車部品カルテルという極めて特異な事案における事例に基づいており、米当局がアジアの被告人を差別している

との指摘には根拠がない。

コナー教授の反論を受け、カプールらは改めて主張を展開した。[4]

＊われわれは刑期や罰金額といった処罰における差別を指摘したのではない。当局による法執行の方針について指摘したのだ。金融不正やＧＭのエンジン点火スイッチ欠陥問題など、より悪い影響が消費者に及ぶ問題に比べ、反トラスト法に違反した外国企業・個人に対する処罰は厳しく、バランスを欠いていると主張したのである。

＊米国、英国、ドイツ、イタリア４ヵ国の市民を対象に実施したカルテルに関する世論調査を見ても、個人に対する制裁方法で「禁錮刑」が望ましいと答えた回答者の割合が最も小さい。米国では望ましい制裁方法は「罰金」67％、「氏名の公表」58％、「役員への就業制限」50％、「禁錮刑」36％の順だ。

＊日本人に対する積極的な法執行が日米両国間の通商に寄与する公算はほとんどない。特に刑事司法権の域外適用は慎重であるべきだ。

＊コナー教授自身が指摘しているように、起訴されても裁判で無罪になることがある。無罪推定の原則に基づき、起訴された外国人ビジネスマンを即有罪とみなすべきではない。外

国人に逃亡者が多い点についても、おそらくすべての場合、起訴される前に本国に帰っているからである（実際には、もともと本国にいる外国人が、米当局に起訴された段階で逃亡者扱いされるケースが多い）。

カプールらとコナー教授の論争を単純化すると、カプールらが米当局による反トラスト法の執行、特に外国企業・個人に対する処分は他の不正行為に対する処分に比べて厳しすぎると批判的なのに対し、コナーは、データを見ればむしろ日本を含むアジアの企業・個人に対する刑事罰は相対的に緩いと主張している。論点がかみ合っているとは言えない。

双方が議論の対象にしている事案の時間的な切り取り方についても、カプールらが主に2011年以降を問題視しているのに対し、コナー教授は1990年以降と、より長期的に見ている。

第2章で述べたように、米司法省が国際カルテルの取り締まりで外国企業・個人の摘発を本格化させたのは1999年以降だ。現在と比べれば、1990年代は、外国企業・個人がまだ大目に見られた時代だった。コナー教授の分析では、その当時のデータも対象となっているため、アジアの企業・個人に対する刑事罰は相対的に緩い、との結論が導き出された可能性もある。

日本人に関しては、収監第1号は2004年になってからだ。その後、日本人にも散発的に禁錮刑が言い渡された。そして2010年、自動車部品カルテルの調査が始まり、日本企業・個人の摘発ラッシュとなった。

数字の上では、コナー教授の分析結果は正しいかもしれない。一方で、カプールらが指摘する、事案ごとに処罰の仕方に差がある点についても、否定はできない。米国では、特に金融大手の不正事件をめぐり、法人には金銭面で巨額のペナルティーが科されてきたが、個人に禁錮刑が科されることはまれだ。大手企業幹部の扱いについては、「大きすぎて投獄できない」傾向があるとの批判が根強くある。

2016年2月、東京で行われたアメリカ法曹協会（ABA）の「国際カルテルワークショップ」に出席するため訪日した当時の米司法省反トラスト局長、ビル・ベアに、反トラスト法の執行に当たって日本企業を狙い撃ちしているのではないかと聞いてみた。ベアの回答は次のようなものだった。

「われわれが訴追する企業・個人の大半は米国の企業と米国の個人だ。国際カルテルでは不正を行う者はアジアにいたり、欧州にいたりする。われわれは証拠がどこに存在していようが、それを追及する。自動車部品カルテルの場合は日本企業が関与していたため、近年見られるように日本の企業・個人を追及してきた。われわれは金融機関の不正行為も探知した。その絡みでは米国や欧州の金融機関、その幹部を訴追してきた。どのような場合にも、証拠に基づいているのだ」

第1章で見てきたように、自動車部品カルテルにおいては、日本企業が目立つのは事実だ。脇の甘さを突かれた感がある。当局が日本企業を狙い撃ちにするまでもなく、カモ（日本企業）がネギ（証拠）を背負ってやって来た。それを一網打尽にしたまでなのである。

カプールらは『Nikkei Asian Review』に掲載された寄稿文の中で、「ビジネスリーダーや政府当局者は、現在の米反トラスト法の執行が公正かどうかについて、多国間協議を提起し始めるべきだ」と促している。

しかし、日本政府が、米国の反トラスト法違反で日本企業とその社員が大量に摘発されていることについて、米側と本格的に話し合った形跡はない。

反トラスト法に関しては、運用姿勢が厳しいのは事実だが、基本的には内外無差別とみられている。米当局による大手企業に対する取り締まり姿勢は生ぬるいと糾弾する米バージニア大学ロースクールのブランドン・ギャレット教授も、反トラスト法に基づく取り締まりをめぐっては、次のように冷静に分析している。

「外国企業が不公正に狙い撃ちされているとは言いたくない。違反の度合いが極めて悪質であるなど、相応の理由があったために狙われた可能性がある。昔なら米刑法［の適用］を回避できたと考える者も多いかもしれないが、米当局としては、今や状況は変わってしまったのだというメッセージを発しているのである」[5]

金融機関や一部の大手企業に対する米当局の追及は手ぬるいとされるのに対し、カルテル取り締まりは極めて厳しい。それはカプールらが主張するところの、執行のバランスの問題だ。必ずしも、米当局がカルテルの取り締まりで外国企業を差別しているわけではない。米国だけに限らない。少なくとも先進国・地域に関しては、カルテルの取り締まりに露骨なバイアスは見られない。競争法違反は、純粋な法務リスクと言える。

グローバル化と競争政策

今日、競争政策は先進国だけでなく、新興国でも積極的に執行されている。日本の公正取引委員会はホームページで、「現在、経済のグローバル化、市場経済化の流れを受けて、世界各国・地域でその［競争法の］整備が進んでおり、競争法を持つ国・地域は毎年その数を増しています」と説明している。

米法律事務所モルガン・ルイス&バッキアスによると、カルテルに対して刑事罰を導入している国・地域は2018年末時点で43ヵ国・地域に達している。

7－1図　カルテルに刑事罰を科す国

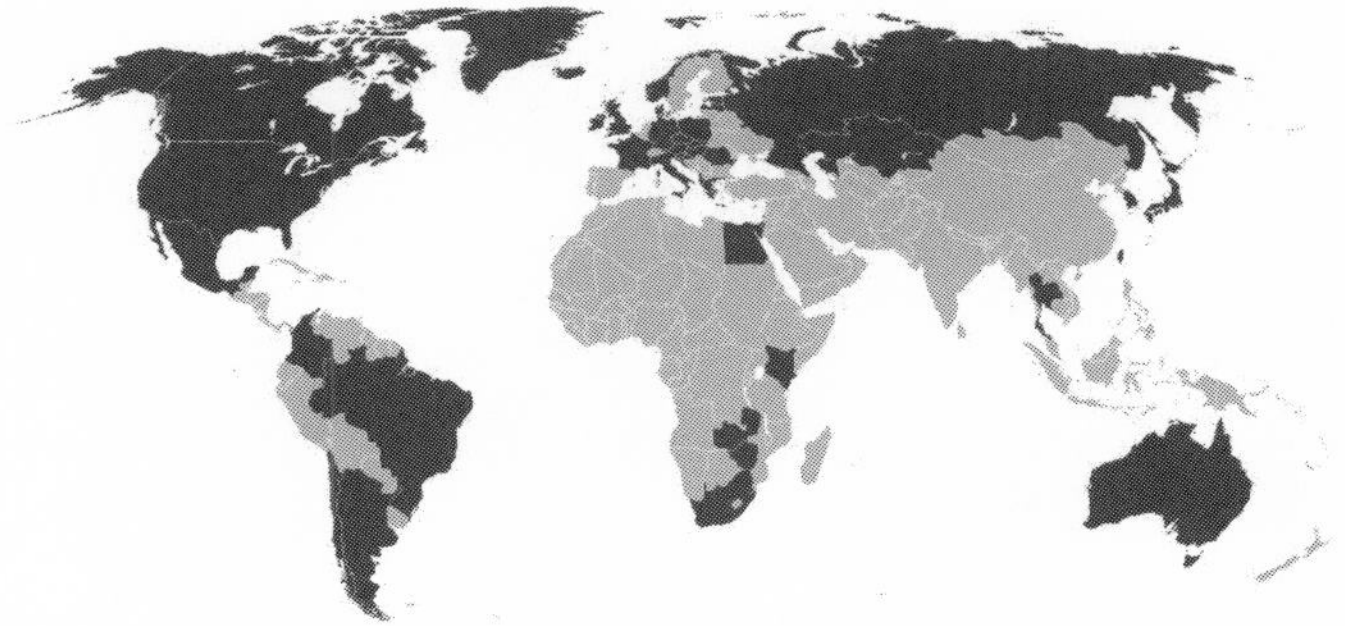

出典："Global Cartel Enforcement Report Year-End 2018", Morgan, Lewis & Bockius LLP

経済協力開発機構（ＯＥＣＤ）加盟国では、全36ヵ国中、７割強に当たる26ヵ国が刑事罰を導入している。中国、香港、台湾、ブラジル、南アフリカなどの新興国でも近年、競争法の積極的な運用が目立つ。

ＯＥＣＤでは各種の委員会が活動しており、競争政策に関しては競争委員会が担当。加盟国における競争政策の進展、その執行に当たっての国際協力の促進を図っている。

ＯＥＣＤは重要な課題については、各委員会での議論を踏まえ、「理事会勧告」や「ガイドライン」などを策定する。いずれも強制力はないが、加盟国における制度改革の「触媒」の役割を果たすことを狙っている。

競争政策に関して採択された最も重要な勧告の一つが、「ハードコアカルテルに関するＯＥＣＤ勧告」（１９９８年）だ。

「ハードコアカルテル勧告」では、ハードコアカルテルについて、①価格設定②入札談合③生産調整、生産枠やシェアの設定④顧客や供給者、領域、商業ラインの割り当てによる市場の分割——を通じて行われる「反競争的な合意、反競争的な共同行為、もしくは反競争的な取り決め」と定義。「最も甚大な競争法違反」と位置づけている。

その上で加盟国に対し、「こうしたカルテルに企業や個人が参加することを抑止できるようなレベルの効果的な制裁」を法制化するよう要請。各国競争当局については、「文書や情報の収集、違反行為に対する制裁の賦課など、ハードコアカルテルの探知、是正に向けた十分な権限」を備えることが必要としている。また、ハードコアカルテルの阻止に向けた国際協力の重要性もうたっている。

各国・地域の競争当局を中心に、横断的なつながりの強化を目指す組織もある。国際競争ネットワーク（ICN）がそれだ。

ICNは2001年に発足。126ヵ国・地域の139の競争当局（2019年3月現在）が参加している。競争当局だけでなく、国際機関、研究者、弁護士などの専門家も非政府アドバイザー（NGA）として参加できる。

ICNは運営委員会が全体的な活動を管理。その下にカルテル作業部会、企業結合作業部会など六つの作業部会が設置されている。こうした作業部会の成果報告や次年度の活動計画などの策定のため年次総会が開催されるほか、ワークショップやセミナーも開かれる。こうした機会を利用して、各国・地域の当局者は直接知り合う。

米法律事務所レイサム＆ワトキンスのパートナー弁護士、エリザベス・プルウィットは、2015年に民間に移籍するまで、16年にわたって米司法省反トラスト局で検事を務めた。その間に欧州連合（EU）欧州委員会競争総局に出向した経験がある。交流の効用について、次のように語っている。

「私はかつて司法省にいたとき、EUに捜査官として派遣されたことがある。そのときの人脈を使って情報交換したことがあり、重要な意味を持っていた。米司法省と〔日本の〕公正取引委員会との間でも同じようなことが行われている」（2017年7月、訪日中の発言）

プルウィットは、当局者同士の人的な交流が、カルテル事件の捜査や、被告人の引き渡しに向けた準備に役立つと強調している。OECDやICNなどの各種の会合、当局者同士のつてを通じて、カルテルに対する世界的な包囲網が構築されているのである。

腐敗取り締まり

米国で反トラスト法と並んで、日本企業の脅威となっている法律が、海外腐敗行為防止法だ。

略してＦＣＰＡ。米国内外の企業が海外でのビジネスを進めるために現地の公務員に賄賂を贈った場合など、広範に適用される。

ＦＣＰＡは、米国企業による海外政府機関や政治家らへの贈賄が暴露されたウォーターゲート事件（１９７２年）や、日本への航空機売り込みに絡むロッキード事件（１９７６年）を受け、１９７７年12月に制定された連邦法だ。当初は米国企業だけが取り締まりの対象だったが、１９８８年に改正され、外国企業にも適用されるようになった。

執行機関は司法省と証券取引委員会（ＳＥＣ）。刑事罰として企業には罰金、個人には罰金と禁錮刑が科される可能性がある。

ＦＣＰＡは反トラスト法と同じように、積極的に域外適用されている。日本企業であっても株式や米国預託証券（ＡＤＲ）を米国で上場している企業や、米国に現地法人がある企業は、適用対象となる。対象となる行為に関しても、米国の銀行を介して第３国の政府関係者に賄賂を送金したり、米国内から郵便や電話、インターネットなどを通じて決済したりする場合にも適用される。

米ドルは国際通貨としていまだに頭一つ抜けた存在だ。たとえば日本企業Ａ社が、開発途上国Ｂ国のプロジェクトの受注を狙って、Ｂ国の政府関係者に賄賂を贈る場合、通常は銀行経由で米ドル建てで送金される。

資金の流れとしては、①A社の日本国内の取引先銀行C銀行に、B国政府関係者の指定口座への送金を依頼。C銀行に送金額を円で振り込む②C銀行は米国内のコルレス銀行（外国為替取引で仲介役になってもらう銀行）であるD銀行に送金を指示③D銀行はA社のドル預金から送金額を引き落とし、B国の指定口座に振り込む——となる。このケースでは、米国の銀行であるD銀行を経由しているため、FCPA違反に問われ得る。[6] 具体的な事例を見ていきたい。

2018年9月、米司法省は、ブラジル国営石油会社ペトロブラスの元経営陣が同国政治家に賄賂を贈り、FCPAに違反したことをめぐり、8億5320万ドルのペナルティーを支払う司法取引に同意したと発表した。贈賄側もブラジル企業なら収賄側もブラジルの政治家だったが、ペトロブラスは米国預託株式（ADS）をニューヨーク証券取引所に上場しているため、FCPA違反に問われた。

米司法省によると、ペトロブラスの元経営陣はブラジルの政治家や政党に「数億ドル規模の賄賂」を渡していたほか、証拠を隠すため帳簿を粉飾していた。捜査には連邦捜査局（FBI）とSECも加わった。

ペトロブラスはペナルティーのうち80％をブラジル当局に支払い、10％ずつを米司法省とSECに支払うことになった。ブラジル国内の汚職であるため、ブラジル当局にペナルティーを納めるのは当然だ。しかし、米当局の捜査がなければ事件は解決しなかった可能性がある。そ

7－2表　FCPA違反絡みで処罰された日本企業

時期	企業	経緯	ペナルティー
2011	日揮	ナイジェリアでのLNG施設建設受注に向け同国高官に贈賄	2億1180万ドル
2011	ブリヂストン	中南米でのマリンホースの販売確保に向け国営企業関係者に贈賄	2800万ドル（反トラスト法違反分含む）
2012	丸紅	ナイジェリアでのLNG施設建設受注に向け同国高官への贈賄を仲介	5460万ドル
2014	丸紅	インドネシアでの電力関連サービス受注に向け同国議員らに贈賄	8800万ドル
2015	日立製作所	南アフリカでの発電所建設受注に向け同国与党に贈賄	1900万ドル
2016	オリンパス	米子会社が米国内や中南米での医療機器拡販に向け医療関係者らにキックバック・贈賄	6億4600万ドル
2018	パナソニックアビオニクス（パナソニックの米子会社）	米国外の国営航空会社関係者に実態のない顧問職を提供、見返りに便宜供与受ける	2億8060万ドル

出典：米司法省、米証券取引委員会のプレスリリースを基に作成

の意味ではFCPA事案だ。

ペトロブラスに科されたペナルティーは、FCPA事案としては、2008年に独シーメンスに科された8億ドルの罰金を抜き、過去最大となった。

近年、日本企業も相次いで標的となっている。

第1号となった日揮は、ナイジェリアでの液化天然ガス（LNG）プロジェクトに絡み、同国政府関係者に賄賂を贈ったとして処罰された。日揮が参画したプラント建設のための合弁事業の中に、米国企業も入っていたことなどから、FCPAが適用された。賄賂は合弁事業の勘定から支払われていた。

エージェントとしてこのプロジェクトを支援する立場にあった丸紅は、日揮などによる

贈賄を仲介したため、処罰対象となった。

丸紅は2014年にも、インドネシアでの電力サービス事業の受注を狙って同国議員らに賄賂を贈ったとして処罰されている。この事案についても、フランス企業の米子会社などとコンソーシアム（企業連合）を組んでいたため、FCPAが適用された。

捜査を担当したFBIワシントン支局の支局長バレリー・パーレイブはプレスリリースで、「米国で、あるいは米国企業とビジネスをしたい企業は、米国の法律を順守しなければならない。贈賄は容認できない」と語った。

ブリヂストンは、マリンホースの国際カルテル事件で米司法省の捜査を受けた際、中南米の政府高官に賄賂を贈っていたことが発覚。反トラスト法違反と併せ、法人として2800万ドルの罰金支払いに同意した。幹部社員1人も米国滞在中に逮捕され、2年の禁錮刑を受けた（第2章、「最強の武器」の項参照）。反トラスト法違反とのダブルカウントになるが、日本人がFCPA絡みで禁錮刑を受けたのは初めてで、現時点では唯一のケースだ。

米司法省は個人も積極的に訴追している。シーメンスの事案では、幹部社員8人が起訴された。当時「シーメンス8（エイト）」と呼ばれた。ドイツ人、スイス人、アルゼンチン人など全員が非米国人だ。このうちアルゼンチン人1人とドイツ人1人は既に司法取引に応じている。このドイツ人は2017年にクロアチア滞在中に逮捕され、米国に引き渡された。残り6人は自国にとどまっているもようだ。

禁錮刑を科された個人も多い。米通信会社の元社長は２０１１年、ハイチ政府高官に賄賂を贈ったとして、ＦＣＰＡ違反、電信詐欺、マネーロンダリング（資金洗浄）などの罪に問われ、15年の禁錮刑を受けた。ＦＣＰＡ絡みでは最長である。

オリンパスの場合、米子会社オリンパス・コーポレーション・オブ・ジ・アメリカズ（ＯＣＡ）などが、米国内や南米諸国で医療機関や医師に賄賂を贈ったとされた。ペナルティーの額は６億４６００万ドル、当時の換算レートで約７４３億円。日本企業がＦＣＰＡ絡みで支払ったペナルティーとして最高額だ。[7]

オリンパスが巨額ペナルティーの支払いを回避できるチャンスはあった。ＯＣＡの最高コンプライアンス責任者（ＣＣＯ）ジョン・スロウィクが、不正を見つけていたのである。

スロウィクは18年にわたってＯＣＡに勤めていたベテランだった。しかし、ＣＣＯに起用され、不正を質したとたん、「ビジネスに影響を与えないように」抜け穴を探すのが務めだと米子会社の社長に言われ、あっさり解雇されてしまった。スロウィクは内部告発に踏み切り、米当局の捜査につながった。

スロウィクは、ＯＣＡを相手取り、虚偽請求取り締まり法に基づく民事訴訟を起こし、勝ち取った和解金の中から５１１０万ドルを報奨金として得た。

ＯＣＡは米司法省との間で、巨額のペナルティーを支払うとともに、３年間にわたってコンプライアンス体制を強化することが義務付けられる訴追猶予合意（ＤＰＡ）を結んだ。合意内容を達成すれば、訴追は免除されるというものだ（第2章、「生かさず殺さず」の項参照）。お目付け役として、コンプライアンスモニター（監査人）の受け入れも合意に盛り込まれた。

オリンパスのモニターに選任されたのは、１６８人が犠牲となったオクラホマシティー連邦政府ビル爆破事件（１９９５年）で検察側チームの一員を務めた、元検事の著名弁護士ラリー・マッキーだった。

シーメンスのケースでは、ドイツで財務大臣を務めたことのある大物法律家テオ・ワイゲルがコンプライアンスモニターに選任された。高名な弁護士の場合、タイムチャージ（1時間当たりの依頼費）は１０００ドル以上に達する。中には２０００ドル級の「スーパースター弁護士」もいる。米司法省はモニターを選ぶだけで、弁護士費用を支払うのは企業だ。監視の期間が長ければ長いほど、企業の負担はその分増えていく。

スロウィクがＯＣＡを訴えたのは２０１０年11月。そのころ、オリンパス本社も激震に見舞われていた。1年後の２０１１年11月、１０００億円を超える巨額粉飾決算事件が発覚したのだ。

事件のきっかけとなったのは、やはり外部への告発だった。告発者は、２０１１年2月に社長に就任し、10月に解任された英国人のマイケル・ウッドフォードだった。ＯＣＡの不正を告発したスロウィクも、２００９年2月にＣＣＯに起用され、２０１０年9月に解雇されていた。スロウィクはＯＣＡに18年在籍。ウッドフォードもオリンパスの英国子会社を振り出しに30年にわたりオリンパスグループに籍を置いていた。スロウィクは米子会社ＯＣＡのＣＣＯに着任後、ウッドフォードは本社社長に就任後、ともにまず社内で不正を質し、解任された。その結果、２人とも告発に踏み切ったのである。

転職が当たり前の欧米諸国にいながら、長年にわたって同一企業グループに勤めていたことからすれば、２人とも会社に対する忠誠心は人一倍だったはずだ。しかし、新しい役職に就き、不正を発見した。それを黙っていることができなかったという点でも、２人の行動は似ている。

オリンパスの不正会計問題では、まず社内で通報した日本人もいた。「第1通報者」である深町隆だ。深町はジャーナリスト山口義正との共著『内部告発の時代』の「おわりに」で、ＯＣＡによる違法行為が２００６～２００７年に集中的に行われた点に着目。「これは、菊川〔剛〕社長が粉飾決算の最終処理を模索していた時期と重なる。私は当時、医療事業の幹部が、菊川氏から『もっと利益を出してくれ』と発破をかけられるのを目撃している。１１００億円を超える簿外損失の穴を埋めるためには利益が必要だった」と指摘している。

ＯＣＡの不正行為は、日本の本社の損失隠しとつながっていたことになる。そうなると、企業体質、企業文化の問題だ。

「私が見るところ、オリンパスは腐敗した組織だ」。カルフォルニア州立工科大学サンルイスオビスポ校のスティーブン・ミンツ教授は、オリンパスが日本国内だけでなく、海外でも悪質な不正を犯したことを受け、こんな感想を述べている。[8] オリンパスが、一度着せられた汚名をそそぐのは容易ではないだろう。

その一方、米国内で、あるいは米国から遠く離れた開発途上国で腐敗退治に躍起になっている米当局の厳格姿勢に対しては、「腐敗取り締まりの十字軍のつもりなのか」といった批判の声もある。それに対する回答を、米紙『ニューヨーク・タイムズ』が代弁している(電子版社説、2016年8月1日)。

「ごく簡潔に言えば、米当局者らは、腐敗が世界を不安定化させる大きな要因とみなすようになった、というのが答えだ。腐敗は発展を阻害し、貧困の度合いを深刻化させ、政府に対する国民の信頼を損なう。腐敗の舞台となった国だけの問題ではなく、米国の安全保障にとって脅威となっているのである」[9]

実際、オバマ大統領は2010年に発表した大統領として初めての国家安全保障戦略で、腐敗について「基本的人権の侵害であり、発展および世界の安全保障に対する重大な障害となる」[10]と強く批判した。

トランプ政権になっても路線は踏襲された。2017年の国家安全保障戦略で、「米国企業が、透明性が確保されたビジネス環境で公正に競争できるように」、外国公務員の腐敗との戦いを優先事項の一つに掲げたのだ。[11]

米国は腐敗取り締まりを国際社会にも要請した。それを受け、OECDは1997年、外国公務員贈賄防止条約を採択。外国公務員に対する贈賄行為に刑罰を科すことを加盟国に求めた。

世界の汚職や腐敗行為を監視するNGOであるトランスペアレンシー・インターナショナル（TI）が2018年9月に公表したリポート[12]によれば、外国公務員贈賄防止条約の執行状況を「積極的」「ある程度」「限定的」「ほぼなし/ゼロ」の4グループに分けた場合、米国はドイツや英国などとともに「積極的」に分類されている。ちなみに日本は中国、韓国などとともに「ほぼなし/ゼロ」グループだ。

世界銀行でも、組織公正総局（INT）が世銀の融資プロジェクトを対象に、横領や詐欺、贈賄などの不正が行われていないか積極的に調査している。2017年度には51事案について本格調査に着手した。ここ数年、年間40~100件程度の調査が開始されている。INTは各国の捜査当局と情報交換を活発に行っており、各国当局に調査の端緒がもたらされるケースもある。腐敗行為に対する世界的な監視の目は、確実に増強されている。

郷に入っては郷に従え

かつて、カルテルが是とされた時代があった。1980〜86年に日本経済団体連合会（経団連）会長を務めた稲山嘉寛（新日本製鉄会長）は「ミスター・カルテル」の異名をとったが、批判的な意味合いは込められていなかった。むしろ、「我慢と協調」を重んじる稲山独自の哲学は、共感さえ持たれていた。

日本の産業界では、カルテルは「必要悪」として大目に見られていた。次のようなやりとりについても、違和感はあまりなかったのではないだろうか。

〔伊集院丈〕　私は技術部を守ってやりたいのだ。だからアメリカの弁護士から批判を受けている。多少の違法性のある市場制限も考慮しているんだ。

〔白上太郎〕　全く伊集院さんには失望した。ビジネスマンとしてはやり手かもしれないが、善悪の区別が分かっていない。

（中略）

〔伊集院〕　確かに善悪の区別はつかないかもしれないが、私の任務は富士通を潰さないことだ。企業が潰れなければ多少の清濁は併せ呑む。悪魔とだって手を結ぶこともある。

これは伊集院丈『雲を摑め　富士通・ＩＢＭ秘密交渉』からの引用だ。１９８２年のＩＢＭ産業スパイ事件を機に、富士通がＩＢＭに互換路線を認めさせ、コンピューターの歴史を変えることになった極秘交渉が題材となっている。

交渉の過程で、主人公の伊集院は、カルテルも辞さない考えを法務部課長の白上太郎に打ち明ける。ここに掲げたのは、その際の激論の場面だ。

伊集院は、「市場制限」が違法行為であることを認識していた。それにもかかわらず、企業の存続という大義名分のためなら手段を選ばない考えだ。現在では即、コンプライアンス違反と認定されるだろう。しかし当時、コンプライアンスの概念はなきに等しかった（コンプライアンスという用語自体、一般に使われ始めたのは１９９０年代後半とされる）。

時代は変わった。今や、カルテルは基本的に悪いことだが、「良いカルテル」も中にはある、と公言できるビジネスマンは少数派だろう。

ある米国の弁護士は、反トラスト法違反の疑いがかけられた日本企業の従業員との会話について、次のように述懐している。

「あるとき、日本企業の個人従業員に対して、競合他社と価格を共有し、自社は自身の事業を確保しつつ競合他社が他の事業を確保できるように入札した理由について質問した際、当該従業員は、『私たちは村社会にいるからだ』と回答した。当該従業員によると、島国である日本という村において、ある業界の他者は、互いに殺し合うために存在しているのではない。誰もが存続し繁栄できなければならないのである」[13]

日本では、業界の共存共栄を重視するこうした考え方は、今でも、少なくとも心情的には共感を持たれるかもしれない。しかし、ムラ社会の論理は、海外では一切通用しない。

米国のオグルツリー・ディキンス法律事務所の日本人弁護士、本間道治は、「98％近い人が日本で生まれ、同じ歴史を持ち、同じ教育を受けた人で成り立つ日本は、刑法を制定する上で性善説に立ちやすい」と指摘。一方、「米国のように外国生まれの人が常に人口の1割を超えたり、宗教や歴史や教育を共有していない人たちで構成されたりする国では、そうはいかないのではないか」と話す。

米国では、性悪説に基づいて刑罰規定が制定されている。「見せしめ的な刑罰規定がないと、社会に法の存在を知らしめることができない。脅し効果を狙っている」

日本では、長期安定雇用が法律で保障されているため、会社を守ることが個人の雇用維持にもつながる。「会社を守らなければならないという暗黙の了解がある」。

対照的に、米国のビジネスマンは、「会社の目先の利益よりも個人の倫理観や正義感（インテグリティー）を優先することが多い」。米国には「エンプロイメント・アット・ウィル」[14]という、柔軟な解雇や転職を可能にする法律があるため、「個人が企業の悪事に加担する必要はないし、加担するほうがむしろ将来の自分のキャリアを危険にさらすことになる」。

日本では、不祥事を起こしたときに「世間をお騒がせして申し訳ありませんでした」と謝罪する。本間は、これは「日本という同質性の高い人々で構成する狭いムラ社会のしきたりだ」と指摘する。ムラ社会のやり方は、性悪説に立つ国では通用しない。多様性が高く、国土の広い米国では「世間」は構成されないのである。

西村あさひ法律事務所の弁護士、梅林啓は、常識と非常識の「ズレ」が、企業不祥事を引き起こす要因となり得ると語る。

「発覚した不祥事を見ると、どうしてそんな非常識なことをしたのか、うちの会社では考えられない、という感想を持つ人が多いが、実はそうでもない。話を聞くと、『うちの会社ではこういうやり方をずっと教えられている』『うちでは誰もがやっている』といった答えが返ってくる」

客観的な立場からなら「本来なら絶対にしないこと」（非常識）が分かるのに、会社内部にいると、「仕方がない」「やらないと会社がつぶれる」などとの思いから、腹をくくる。それが繰り返され、継続されるうちに、社内で常識へとズレていく。非常識がいつの間にか、常識として受け止められるようになるのである。
こうしたメカニズムによって不祥事を起こしそうな職場は、次のような部署だ。

＊人の異動が少なく、タコツボ化している部署
＊専門化しすぎていて、その部署の人でないとその部署の仕事が理解できないような部署
＊困難と思われるタスクを達成し続けている部署（不正行為によって達成することが恒常化している可能性がある）

ムラ社会の中の、さらに特定の組織の中に、不祥事の温床が潜んでいるのだ。カルテルも、会社内の特定の営業部署が、やはり競合他社の特定の部署との横のつながりを通じて、違法行為を恒常的に行っている場合が多い。まさに、「競合他社は友人、顧客は敵」（第４章、「『インフォーマント！』」の項参照）という、倒錯したモットーがまかり通るようになる。

米国だけでなく、グローバル市場でビジネス展開するためには、ムラ社会の因習から決別しなければならない。世界標準に基づいて行動する必要がある。国内外の法律を理解し、順守しなければ、企業に対しては巨額の罰金が科され、レピュテーションリスク（信用やブランド価値が傷つき、社会的信用が損なわれるリスク）にさらされる。個人は最悪の場合、刑務所行きだ。

郷に入っては郷に従うしかない。「郷」には空間的に限られた狭い地域というニュアンスがあるが、グローバル化の時代にあっては、郷＝世界だ。世界を舞台にビジネス展開するのであれば、日本国内の法規制を順守するだけでは不十分だ。グローバル社会の要請にも対応していく必要がある。

日本企業にとって、マーケットは米国だけではない。アジアや欧州、新興市場国、開発途上国もある。いずれの国・地域でも、各種の法務リスクが顕在化している。

ただし、ビジネスマンが法律の条文を隅々まで読み込む必要はない。行動指針として大切なのは、「瓜田に履《くつ》を納《い》れず、李下に冠を正さず」という姿勢に尽きる。

「胸中の公平な観察者」

個々のビジネスマンにとっては、具体的な「型」があったほうが、行動しやすいのも事実だ。企業内外で行われるコンプライアンス研修も重要だが、決して万全ではない。

公正取引委員会での勤務経験があるＴＭＩ総合法律事務所の弁護士、樋口陽介は、コンプライアンス研修を受けた直後に、参加者に誓約書への署名を義務付けることを提案している。

その内容が、「コンプライアンスの重要性を理解し、コンプライアンスポリシーを順守することを誓います」、では拘束力を持たない。抽象的な言葉の羅列にすぎず、何も約束したことにはならない。次のような具体的な要素が必須だ。

①カルテルをしません。

②今までカルテルをしていません。

③他者のカルテルを見たことはありません。

④コンプライアンスポリシーに違反した場合には、解雇を含むいかなる処分も受け入れます。

強烈な文言だ。しかもこの誓約書は、社長宛てなのである。身に覚えのある社員にとっては、署名・捺印を躊躇するような内容だ。現時点ではやましいところがなくても、将来、不正への関与が発覚すれば、懲戒解雇処分を覚悟する必要がある。

樋口は、社員にこれだけの覚悟を受け入れさせるからには、会社のトップがカルテルとの決別を宣言する必要があると説く。トップが決意表明をしない限り、社員が、自らの首を差し出すのを渋るのは当然だ。当局に摘発された場合、現場の担当者だけが処罰された上、トカゲの尻尾切りのように解雇されてしまう恐れもある。上司はお咎めなしで済むかもしれない。そうした不安を取り除くためにも、トップの率先垂範が必要なのだ。

樋口が提案する宣誓書を一読して、「②今までカルテルをしていません」「③他者のカルテルを見たことはありません」という過去の行為を問いただす文言が気になり、署名がためらわれるなら、直ちに法務部にその旨を申告すべきだ。

「①カルテルをしません」「④コンプライアンスポリシーに違反した場合には、解雇を含むいかなる処分も受け入れます」という決意表明に納得して署名するなら、常に心掛けなければならないことがある。

アダム・スミスが1759年の『道徳感情論』の中で、そのことをすでに説いている。スミスは「私は自分を、いわば裁判官（公平な観察者）と被告（当事者）に分割し、自分で自分の感情や行為を判断する」と分析した。

その上で、「私たちは、自分の感情や行為に対して、胸中の公平な観察者から是認を受ける場合には安心するし、反対に否認される場合には不安になる。何か間違った感情を引き起こしたのではないか、何か間違った行為をしたのではないかという不安が沸き起こるのである」（堂目卓生『アダム・スミス『道徳感情論』と『国富論』の世界』）と考えた。

これからしようとする行為が社会的に認められていないと思えるとき、あるいは法的に「クロ」もしくは「グレー」かもしれない場合には、「胸中の公平な観察者」によって、不安がもたらされる場合が多い。その導きに直感的に従い、「間違った行為」に手を染めなければ、大半の法務リスクは回避できるのではないだろうか。

コンプライアンス・アドバイザーの龍義人は、「カルテルをやるような人はたいてい、違法であると薄々分かっていながらやっている」と話す。これが実態に近いのではないか。違法性を「薄々」感じた時点で、胸騒ぎを覚えるはずだ。そうしたシグナルを無視すれば、一線を踏み越えることになる。

公の場での飲酒や安楽死が合法か違法かについては、国によってルールが異なるため、法的なリスクを冒さないため正確な現地情報が必要だ。しかし、カルテルに関しては、ほぼ世界中で違法だ。法律の詳細を知らなくても、おのずからどうすべきか答えは出てくるのではないだろうか。

「胸中の公平な観察者」を、分かりやすい存在に置き換えてみてもいいだろう。宗教人類学者で僧侶の本林靖久が、次のような逸話を紹介している。

「京都の地下鉄の四条駅のホームで、一番端の壁に小さい鳥居が描かれているんです。酔ったお客さんが夜に立ちションをするのを防止するのが目的です。悪いことをしたら、人が見ていなくても神様が見ていて罰が当たるって考え方は残っているんです」[15]

「お天道様が見ている」という言い回しもある。自らの行為が内なる観察者、あるいは超越的な存在に見られていることを意識すれば、「立ちション」のように軽微な違法行為から、カルテルのように、米国式に言えば重罪に当たる行為まで、心の中で逡巡し、自制するための一工程を挟むことができる。

個々のビジネスマンが、法律の条文を読み込み、どこまでが違法でなく、どこからが違法なのかを正確に頭に入れておく必要はない。困ったときには法務部に問い合わせればいい。一瞬、第三者の目を意識し、はっと我に返ることができれば、米当局に訴追されたり、連邦刑務所に収監されたりする事態は避けられるのではないだろうか。

「経営の神様」として知られる松下幸之助も言っている。「せめて何かのこわいものによって、これを恐れ、これにしかられながら、自分で自分を律することを心がけたい」(『道をひらく』)

結局、カルテルは割に合わない

結局、カルテルは割に合わない。現実を直視する必要がある。競争当局は企業に対し、カルテルによる利益を大幅に上回るペナルティーを科すことによって、不正行為を抑止しようとする。

樋口陽介弁護士によれば、カルテルに関与した企業が摘発されて被る損害の大きさは、損害×発覚の確率で表される。それがカルテルによる利益よりも大幅に大きければ、カルテルは抑止され得る。次のような式が成り立つ。

カルテル摘発による損害×発覚の確率 ＞ カルテルによる利益

個人の場合も同様に、利益を大幅に上回るペナルティーを科すことで、不正を思いとどまらせることができる。次のような式になる。

個人の損害×発覚の確率 ＞ 個人の利益

発覚の確率は、企業の場合も個人の場合も同水準だ。世界中でカルテル包囲網は狭まっている。当局は摘発に向けて強力なツールをそろえている。先進国だけでなく新興国でも採用が広がるリニエンシー制度、米国ではアムネスティープラスやおとり捜査、内部告発制度。国際協力も強化され、国際カルテル事件の場合、ある国・地域で摘発されれば、他の国・地域に直ちに飛び火する。監視の目から逃れるのは極めて難しくなっている。

発覚の確率は0から1の間の数値で表されるが、0よりは1に近いと思っておいたほうがいい。

それでもあえてカルテル行為に走り、何かがきっかけとなって発覚した場合、企業や個人が被る損害は甚大だ。

企業であれば、まず巨額の金銭的ペナルティーを科される。米国や欧州では、1事件1社当たり1000億円を超える事例も出てきた。米国の場合、ほぼ自動的に民事訴訟の和解金支払いが付いてくる。日本国内で株主代表訴訟を起こされる恐れもある。

マリンホース事件を例に取ると、市場規模は世界全体で150億円程度とされた。そのうちシェアが3~4割のブリヂストン1社だけで、日米欧やオーストラリア、韓国で総額約200億円の金銭的ペナルティーを科された。前述の式に当てはめれば、「カルテル摘発による損害」が、「カルテルによる利益」を桁違いに上回っていたとみられる。左辺と右辺がまったく釣り合っていないのである。

金銭的な損害以外にも、企業はレピュテーションリスク（知名度が傷つくリスク）にさらされる。そうなると顧客離れを招き、業績悪化につながる恐れがある。

個人の場合、損害と利益の非対称性は企業以上に深刻だ。そもそも、日本のビジネスマンの場合、利益自体がほとんどない。会社のためにカルテルに関与したからといって、特別ボーナスなど金銭的な利益を懐にできるわけではないのである。

それに引き換え、損害は次元が異なるレベルでもたらされる。肉体を持つ個人は企業と違い、投獄される恐れがある。そうなるとキャリアが途切れ、プライドが傷つけられる。服役後、会社に復帰できても、降格や左遷が待ち構えているかもしれない。家族も巻き添えになる。日本国内から米国に引き渡されるような事態に直面すれば、長く、先の見えない法的プロセスに投げ込まれる。マスコミに報道され、生涯消えない烙印を押される。さまざまな付随的結果に直面する恐れがあるのである。

教科書的には、カルテルは競争の制限によって消費者や社会全体に損害を与えるから悪とされる。誤解を恐れずに言えば、個人のレベルではそうした理屈はあまり意味を持たない。カルテルは自らの人生を狂わせ、家族をも犠牲にするから悪なのである。

注

1 ２０１５年８月24日までに行われた審査で、死亡１２４件、重傷17件、入院２５８件の計３９９件が確認されている。

2 米国では２０１８年４月、外為不正操作事件で英金融大手ＨＳＢＣの英国人元トレーダーに2年の禁錮刑が言い渡された。

3 John M. Connor, "On the alleged disproportionate sentencing of cartel managers", Competition Policy International, CPI's Cartel Column, August 2016

4 Richard Pike, Ankur Kapoor, Doug Rosenthal & James Ashe-Taylor, "On the alleged disproportionate sentencing of cartel managers: A response to Professor. John M. Connor", Competition Policy International, CPI's Cartel Column, September 2016

5 Brandon L. Garrett, "Too big to jail-How prosecutors compromise with corporations"

6 贈賄側が現金を持参して収賄側に手渡す場合には、当局が補足するのは難しくなる。ちなみに、ＦＣＰＡ違反で8億ドルの罰金を科された独シーメンスの贈賄担当者は、「紙幣はそんなにかさばるものではないので、１００万ユーロ〔現在のレートで約1億２００００万円〕なら大型のスーツケースは必要ない。ブリーフケースで十分だ。20万ユーロ〔約２４００万円〕なら、コートのポケットに入れて運ぶことも可能だ」("Too Big to Jail-How Prosecutors Compromise with Corporations")と語っている。

7 ペナルティーの内訳は、反キックバック法違反が3億１２４０万ドル、虚偽請求取り締まり法に基づく訴訟の和解金が3億１０８０万ドル、ＦＣＰＡ違反が２２８０万ドル。キックバックや贈収賄、違法な謝礼などはすべて腐敗行為であり、全体をＦＣＰＡ関連とみなした場合、日本企業が支払ったペナルティーとして最高となる。

8 Steven Mintz, "Is Olympus a corrupt organization?", Workplace Ethics Advice, March 15, 2016

9 "America's Global Corruption Crusade", The New York Times, Aug. 1, 2016

10 National Security Strategy, May 2010

11 National Security Strategy, December 2017

12 "Exporting corruption - Progress report 2018: assessing enforcement of the OECD Anti-Bribery Convention", Transparency International, 12 September 2018

13 ガブリエル・フエンテス「『カルテルを行う者たちの心理』：さらに何を学ぶ必要があるか」、『ジェナー&ブロックレポート』２００５年6月号、ジェナー&ブロック法律事務所

14　本間道治によると、エンプロイメント・アット・ウィルの原則の下では、会社は違法な理由以外、いかなる理由でも社員を解雇できる。反トラスト法違反を疑われるような行為をした社員については、有罪が確定していなくても解雇が可能だ。多くの会社が反トラスト法違反につながるような行為を禁止する行動規範や就業規則を制定しているため、社内調査で行動規範や就業規則に違反していることが判明すれば、解雇が可能となるのである。本間道治監修『エンプロイメント・アット・ウィル―日米雇用法の違いと米国式マネジメント』も参考にした。

15　本林靖久「命のつながりの一端、たまたま預かっている」（『毎日新聞』、２０１１年7月27日付夕刊）

エピローグ

本書の登場人物の何人かについて、「その後」をお伝えしたい。米当局に摘発された後、ある者は収監され、ある者はいまだに自国にとどまっている。それぞれ、現実に向き合い、今を大切に生きている。しかし、ほぼ孤立無援状態の中、個人として米国の法的プロセスに直面させられた恐怖や屈辱は、容易に拭い去ることはできない。誰もが何らかの傷を負っている。

▼マーク・ウィテカー（第４章）

リジン・カルテル事件で当局に協力しながら、横領罪で禁錮刑を受けたマーク・ウィテカーは、40代のほとんどを連邦刑務所で過ごした。入所したとき、３人の子供のうち一番下の息子は12歳だった。ウィテカーが２００６年12月に出所したときには、21歳の大人になっていた。

ウィテカーは2度、自殺を図っている。1回目は１９９５年8月、勤めていたアーチャー・ダニエルズ・ミッドランド（ＡＤＭ）に解雇された直後。２回目は、１９９８年2月末、当初予定されていた判決言い渡し当日の朝だった。発見され一命をとりとめたが、治療のため、判決は1週間延期された。

そんなウィテカーを、妻は見捨てなかった。ウィテカーが刑務所に収監されている間、毎週末欠かさず、面会に訪れた。結婚したとき、妻はまだ大学生だった。ウィテカーが収監されると、妻は修了していなかった大学課程を履修し終え、教師として働いて家族を養った。

ウィテカーは獄中で、キリスト教を信じるようになった。神に、四つの願いをかなえてくれるよう祈った。①家族が一緒にいられますように②妻と子供が金銭的に困りませんように③自分がひどい仕打ちをしたFBI捜査官と和解できますように④出所後、就職できますように――。

①については、妻の献身的な支えもあり、現在に至るまで願いはかなっている。ウィテカーは服役囚の離婚率が高いことを気にしていたが、杞憂に終わった。②についても、妻の教員としての収入と、収監された後も確定拠出年金制度（401k）を維持することが認められたことで、やりくりできた。③に関しては、ウィテカーが、最初に接触してきたFBI捜査官を後に提訴したことを指す。訴え自体は棄却されたが、ウィテカーは後悔していた。この願いも、後にかなえられる。

④は、望み得る最高の形で実現した。「私は2006年12月21日に刑務所を出た（刑期は10年

8カ月だったが、模範囚だったため8年9カ月で出所した)。22日には、サイプレス・システムズの幹部として仕事を始めた」と、ウィテカーは振り返っている。

サイプレス・システムズは、カリフォルニア州に本社があるバイオテクノロジー企業だ。同社はウィテカーの出身校であるコーネル大学の教授と協力関係にあった縁で、ウィテカーがかつて大学でセレン化鉱物に関する研究をしていたことを知る。同社はセレンを利用したがん予防について研究を進めており、ウィテカーに白羽の矢を立てた。

同社の担当者は獄中のウィテカーに面会。出所前に採用がすでに決まっていたのだった。社長のポール・ウィリスは、ウィテカーの犯した罪について当然、知っていた。それでも忍耐強く、自由の身になるのを待ち、幹部社員として迎え入れた。ウィリスは、「われわれはセカンドチャンスがあるべきだと強く信じている」と語っている。

ウィテカーは出所後、驚くべきことを知る。カルテル事件で彼を担当したFBIの捜査官らが、2001年1月のクリントン大統領退任に当たり、ウィテカーの恩赦を申請していたのだ(結局、申請は受理されなかったが)。

FBIにとっては、ウィテカーという協力者がいなければ、リジン・カルテルを探知し、摘発することは難しかった。ウィテカーは、米国経済と消費者の利益のためにともに戦った戦友のような存在だった。

事件で陣頭指揮を執ったＦＢＩスプリングフィールド支局（イリノイ州）の元管理官ディーン・ペイズリーは、後にテレビインタビューで、「ＡＤＭがあなた方や私から10億ドル以上を奪ったこと〔価格つり上げによる社会的損失〕に比べれば、彼〔ウィテカー〕がＡＤＭから９００万ドル〔実際は９５０万ドル〕を盗んだのは些細なことでしかない」と語った。「ウィテカーは国民的英雄だ」とまで持ち上げている。

ウィテカーは現在、こうした称賛の言葉を聞いて舞い上がってはいない。出所後に就職したサイプレス・システムズは慈善事業として、ブラジルのストリートチルドレンへの支援活動を行っている。ウィテカーは、「私はセカンドチャンスをもらった。神は許してくれ、家族も許してくれた。ＦＢＩも許してくれ、支援してくれるようになった。〔ブラジルの〕子供たちにも救いの手が差し伸べられるようにしてあげたい」と話している。

▼**秋山雅博**（第５章）

会社を退職し、移住先からも「夜逃げ同然」で帰ってきた秋山は、安定した収入の道を閉ざされた。知り合いの不動産投資を手伝ったり、コンサルタントのような仕事を細々と続けたりしていた。

「帰国の翌年、コンサルタントを頼まれて、１００万円もらって、ようやく初めて収入が得られたというかんじ。1年で100万円みたいな。〔会社勤め時代と〕まったく違う桁でしたけど」

しかし、徐々にだが、仕事を本格的に手掛けられるようになってきた。現在、エンジェル投資家として、未公開企業、スタートアップ企業を支援している。

「コンサルタントだとやっぱり雇用者、被雇用者という形になるので、正直あまりお金ももらえないし、外の人みたいな感じなので。それだったら一緒の船に乗ってやりたいな、みたいなのがあって。自分で少しお金を投資して、一緒に会社の成長を手伝いますという、いわゆるエンジェル投資をやり始めました」

そこで秋山はやりがいを見いだす。

「それがなんか自分でやってみてすごく『あ、おもしろいなー』っていうのがあった。すごく自分が必要とされる、喜んでもらえるというのがあった。自分が投資した案件が成功するかどうかは数年後まで分からないので、その投資案件をほかの人に紹介してフィー〔手数料〕をもらったり、投資した会社からいろいろ頼まれてフィーをもらったりとか、やっと、少しずつ生活ができるようになってきました」

仕事にやりがいを見いだせるようになったことで、家族にも好影響が及んでいるようだ。

「この1年くらい、ぼくの仕事がある程度落ち着いてきたので、まあ生きて行けるかなっていうふうになってきて、それに合わせて妻もだいぶ元気になってきたような気はします。それまでは外に出るのも嫌だ、人に会うのも嫌だというようなかんじでしたが」

子供たちは、親の置かれた立場にはお構いなしに成長している。

「下の子は確実に自分と似ていて、海外に行きたい、海外で勉強したいって、今でも言っているので、『アメリカじゃなくてイギリスがいいよ』って。アメリカに行かせないように今から洗脳しています（笑）」

子供の成長を見守っている父親らしい、愛情のこもった笑いだった。

▼キース・パッカー（第5章）

国際航空貨物運賃のカルテル事件で連邦刑務所に収監された英国人キース・パッカーは、自らの体験をインターネット上で公開していた。インタビュー記事も掲載されている。脈があるのではないかと思い、手記の全文を日本語に翻訳して紹介させてくれるよう申し入れた。コンプライアンスの重要性を自らの体験に基づいて啓蒙するコンサルタント業を始めたくらいだから、快諾してもらえるのではないかと期待していた。

返事は「ノー」だった。送られてきた電子メールには、「手記は数年前のものだ」とあった。そして、次のような言葉が続いていた。

悩んだ。

“my life has moved on now”

これをどんな日本語に置き換えるべきか。パッカーの人生にかかわる重要なフレーズなので、

ヒントは、スティーヴン・キングの西部劇風ファンタジー大作『ダーク・タワー』シリーズにあった。

「ダーク・タワー」シリーズの舞台となっているのは、西部開拓時代を思わせる「中間世界」。新潮文庫版『ダーク・タワー1　ガンスリンガー』の「訳者あとがき」によれば、「核戦争の頻発、および時間空間の〝変転〟のため」、「前近代的文明に逆戻りし、風景が荒廃し」た、「一種の破滅後の終末世界」だ。

キーワードの一つである「変転」について、原書には“The world has moved on”とある。風間訳では「世界は変転してしまった」などと表現されている。

角川文庫版『暗黒の塔（ダーク・タワー）I　ガンスリンガー』では、「時は移り、世界は変った」などと訳されている。

“〜has moved on”とは、何かが時間の経過に伴い、（質的に大幅な）変化を遂げたことを意味するようだ。

これをパッカーの言葉に当てはめれば、「今となっては私の人生は変わってしまった」とい

ったような意味になるのではないだろうか。

パッカーの場合、米国での収監を経験し、最悪の挫折を味わった。人生が断絶された後、誰にでもすべてをさらけだせるほどには、心の傷はまだ癒えていないようだ。パッカーは前を向こうとしている。

▼ロマノ・ピショッティ（第6章）

マリンホース・カルテル事件で摘発されたロマノ・ピショッティ。2013年6月、ナイジェリア出張から本国イタリアへの帰途、経由地のドイツで逮捕され、2014年4月に米国に引き渡された。最終的に有罪を認め、連邦刑務所に収監された。

2015年4月に出所。現在は専門知識と経験を基に新たなビジネスを手掛けている。

ピショッティは、米国への引き渡し阻止を狙って、ドイツで拘留されているときに一連の訴訟を起こした。しかし、すべて引き渡しを認める判断が示され、ドイツ政府は引き渡しを決定した。

ピショッティは2014年、ベルリン地方裁判所に対しても、ドイツがイタリア国民である自身を米国に引き渡したのは欧州連合（EU）法に基づくEU市民不差別の原則に違反するとして、ドイツ政府に損害賠償を請求する訴訟を起こしていた。ドイツは自国民の場合は不引き渡し原則を適用する一方で、他のＥＵ加盟国市民にも適用しないのはおかしいという論法だ。

２０１６年3月、ベルリン地裁はＥＵ司法裁判所（ルクセンブルク）に対し、ピショッティの主張について判断を仰いだ。

２０１８年4月、ＥＵ司法裁は、ＥＵ加盟国は自国民不引き渡しの原則を他のＥＵ加盟国市民に適用する義務はないとする判断を示した。ピショッティの米国への引き渡しの是非をめぐる司法判断は、これですべて決着した。

▼岡本卓（第6章）

「遺伝子スパイ事件」で米国からの引き渡し要請の対象となった岡本卓は、２００４年3月29日の東京高裁決定の翌日、北海道北見市の病院で通常勤務に復帰した。現在は同市でクリニックを開業している。

取材を申し入れたが、「国を相手にどう闘うのか、という経験をした。フラッシュバックもある」として、断られた。

岡本が闘った相手は、1人の日本人「経済スパイ」を刑務所にぶち込もうとしている「世界最強の」（岡本）米国、そして本来、国民を守ってくれるはずの日本政府だった。

同時に二つの国家を相手に闘うことなど、普通はできない。そのプロセスはあまりに過酷で、一個人が背負うには重すぎた。もう静かにしておいてほしいという岡本の望みは、当然に思えた。

「遺伝子スパイ事件」により、理研も激震に見舞われた。「いまだに忘れ得ぬ悪夢のような出来事」。これは、理研が2005年に発行した『理研精神八十八年』[1]の中の、脳科学総合研究センターに割り当てられた章の中の表現だ。

幸いなことに、事件は「理研とは関係のない、スパイの意図のない個人の行為であり、経済スパイ法の嫌疑で米に引き渡すことはできないとする東京高等裁判所の判断が示され」た結果、理研は国際的な汚名を着せられる最悪の事態は回避できた。

『八十八年』は、「この事件は職員を雇用する際のチェック体制の強化と技術や材料の移転についての手続きの確立という重要な副産物をもたらした」と、貴重な教訓になった点を強調している。

注

1　http://www.riken.jp/~/media/riken/pr/publications/riken88/riken88-all.pdf

おわりに

国際カルテルについて、断続的にではあるが、足掛け10年、取材してきた。愚かなことに、取材対象のテーマであっても、自分とは直接関係のない世界の出来事と考えていた。灯台下暗しだった。

参考書籍として紐解いた『競争政策論——独占禁止法事例とともに学ぶ産業組織論』の中で、(個人的に)驚くべき記事を見つけたのだ。「北海道新聞事件」と題するそのコラムは、次のような内容だった。

ブロック紙『北海道新聞』を発行する北海道新聞社は1990年代、夕刊紙の発行を目指した函館新聞社による新規参入を困難にするため、各種の対抗策を講じた。その一つとして、新聞社などに記事を配信する時事通信社に対し、「函館新聞社からの配信要請に応じないよう暗に求め、時事通信社から函館新聞社との配信契約には応じない旨の回答を得ていた」。

この行為は「函館新聞社の事業活動を排除することにより、公共の利益に反して競争を実質的に制限していたものであり、私的独占に該当するもの」とされた。結局、北海道新聞社は独占禁止法違反とされ、函館新聞社に対する差別的な措置を取り下げることを命じられた。

時事通信社は直接、独禁法違反に問われたわけではないが、違反に加担していたことになる。時事通信社の社員でありながら、この事実は知らなかった。まず頭に浮かんだのは、仮に自分が北海道新聞社との交渉を担当していたら、どう行動していただろうか、ということだった。北海道新聞社は優良顧客であり、多少の無理は受け入れざるを得ないとしたら。北海道新聞社の意向を最大限汲むことが営業上、最優先事項だとのコンセンサスが社内にあったら。また、そのように上司に指示されていたら。たまたま北海道新聞社の担当者が顔見知りで、飲食も共にしたことのあるかつての記者仲間だったら。一方で、函館新聞社の担当者とは全く面識がなかったとしたら。

想像すると空恐ろしいが、前提条件が重なれば、違法行為に関与していた可能性は否定できない、と思う。アダム・スミスの言う「胸中の公平な観察者」すら、現れてくれなかったかもしれない。その意味では、本当は、筆者にコンプライアンスを語る資格はない。

反省点がある。第5章の冒頭でも述べたが、自動車部品カルテル事件を題材に取り上げておきながら、摘発された個人への直接取材はかなわなかった。米司法省に摘発された個人は公表ベースで66人に上るが、誰一人として、会って話を聞くことはできなかった。

プライバシーにかかわるため取材が困難であることは確かなのだが、力不足であることを認めざるを得ない。

人名表記について、お断りしておきたい。

摘発された日本人ビジネスマンについて書くにあたり、まず当たったのが、当局が発表したプレスリリースや裁判資料だ。そこには当然、名前が英文で記載されている。

メディアの世界では実名報道が原則だ。日本新聞協会はその理由について、「氏名は人格の象徴です。事実の核心である『誰が』という情報は必須であり、取材の起点となるだけではなく、真実性の担保となるからです」（『取材と報道　改訂5版』）と説明している。

それはその通りだと思う。しかし、すでに広く報道されている場合など、一部を除き、あえて漢字名にしなかった。

個人にはそれぞれ事情がある。特に反トラスト法違反に関しては、重大な罪を犯した意識がないのに、あるいは実質的に罪を犯していないのに、費用と時間がかかる米国での裁判を避け、司法取引に応じて収監された人もいる。会社に迷惑をかける可能性があり、個人で闘うのが困難であるために、泣く泣く司法取引を受け入れるのである。司法取引には、そんなマイナス面が伴う。

一方で、反トラスト法違反で米国の刑務所に収監されても、日本に帰って来れば犯罪者扱いされない。起訴された後、日本にとどまっている人も、有罪答弁をしない限り、あるいは米国で裁判を受けて有罪判決が出ない限り、米国でも日本でも有罪ではない。

そんな人の漢字名が出れば、深刻な影響を受ける恐れがある。取材に応じてくれた秋山雅博さん（仮名）が体験したように、インターネット上に名前が出れば、記事は拡散し、思わぬところで害が及ぶ。

日本国内で独禁法違反を犯した個人が実名で報道されるのは仕方がないだろう。社会的にも受け入れられている慣行だ。それに対し、米国で起訴された場合には、ケース・バイ・ケースではあるが、必ずしも漢字名まで報じる必要はないのではないか（中国でスパイ容疑で実刑判決を受けた複数の日本人の名前が報じられないのも同様の理由からではないだろうか）。こうした判断から、「幹部社員」などと肩書きで表すにとどめた。

その秋山さんは、匿名を前提にだが、何度も、長時間にわたって自らの体験を詳細に語ってくれた。心から感謝したい。秋山さんを紹介してくれた関係者の方にも、お礼の言葉もないくらいお世話になっている。

秋山さんは自らが置かれた境遇について、「まるで東京裁判のようなものだ」と、何度も口にした。この言葉がずっと引っかかっていた。

東京裁判、正式には極東国際軍事裁判では、勝者である連合国が敗者である日本に一方的に詰め腹を切らせるという、国際政治の力学が働いた。純粋な戦争責任論とは離れて、多くの日本人にとって、永遠に腑に落ちることのないテーマとなってしまった（たとえば城山三郎『落日燃ゆ』に描かれたように）。

「東京裁判のようだ」と秋山さんが口にしたとき、どのような文脈で受け止めればいいのか、正直なところ迷った。

秋山さんが関係している一連の事件では、陪審裁判で出た有罪評決が後に取り消されたり、有罪は有罪でも実質的な禁錮刑を免れたりと、全体で見れば形勢は被告人側に有利な展開となっている。逆に言えば、米司法省の拙攻ぶりが目立つ。

問題とされたビジネス慣行が極めて悪質であり、米司法省が強力な証拠を握っているなら、そんな結果にはならなかったはずだ。「きのうまでは良かったものが、きょうからはいきなりダメと言われた。まるで東京裁判だ」という秋山さんの言い分には、一理ある。

東京裁判とは、ゲームのルールの突然の変更、価値観の一方的な押し付け、などを含意するものだろう。秋山さんにとって、政治的な意味合いはない。東京裁判というたとえは、「逃亡者」として日本国内に閉じ込められている秋山さんの、言葉の上でのささやかな抵抗なのかもしれない。

秋山さんから修正を求められた表現がある。当初、秋山さんが現在置かれている状況について、「逃亡犯罪人」と書いていた。

米当局に摘発され、米国外にとどまっている被告人はfugitiveだ。日本の逃亡犯罪人引き渡し法では、逃亡犯罪人の英語訳にfugitiveが当てられている。これに基づき、秋山さんを「逃亡犯罪人」としていたのだ。

秋山さんは、「『犯罪人』はやめてください」と言った。

はっと気付いた。米司法省は、個人が起訴された事実を公表する際、「起訴は犯罪が行われた疑いがあることを示すにすぎない。すべての被告人は『合理的な疑いの余地がない程度に』有罪が証明されるまでは無罪とみなされる」といった但し書きを必ず入れる。「合理的な疑い」とは、「理性のある人なら当然抱くであろうような疑い」（『英米法辞典』東京大学出版会）のことだ。

秋山さんは米国で裁判を受け、判決を言い渡されているわけではない。無罪推定の原則に基づき、有罪とは言えないのである（実際、無罪になる可能性さえある）。

法律名からしてミスリーディングだ。逃亡犯罪人引き渡し法は、英語ではAct of Extradition。日米間の引き渡し条約の正式名は、「日本国とアメリカ合衆国との間の犯罪人引渡しに関する条約」。こちらの英訳はTreaty on Extradition between Japan and the United States of America。日本語では「逃亡犯罪人引き渡し」「犯罪人引き渡し」と、くどいほど強調しているのに対し、英語ではただ単にextradition（引き渡し）で済ませている。

丁寧に表記すれば、英語では Act of Extradition (of Fugitives)、Treaty on Extradition (of Fugitives) between…となるはずだ。いずれにしても、「逃亡犯罪人」「犯罪人」を直接的に示す表現は見当たらない。

秋山さんを含め、外国で訴追され、日本国内にとどまっている人は「逃亡者」にすぎない。その国の法域に物理的に存在しないことを表現しているだけで、法的に有罪か無罪かを示しているわけではないのだ。

実態としては、「逃亡者」という言葉にすら、現実とかけ離れているニュアンスが含まれている。秋山さんは米国滞在時に起訴され、逮捕を恐れて米国から逃げ帰ったわけではない。日本にいるときに起訴され、そのままとどまっているために「逃亡者」と呼ばれているだけなのだ。

日産自動車の元会長、カルロス・ゴーンは「世界で最も有名な逃亡者」などと呼ばれているが、実際に日本から逃亡したのだから分かりやすい。

ゴーンについては、現在、日本国内の処罰感情の高まりを背景に、「逃げ得を許すな」と糾弾されている。ただし、日本政府が自国民を保護する義務があるのと同様、レバノン政府にも自国民を保護する義務がある。日本国内にとどまっている日本人の逃亡者を安易に外国に引き渡すべきでないのと同じ理屈で、レバノン政府が日本へのゴーンの引き渡しを認めないからといって、一方的に非難するのはバランスを欠くことになる。現実には、逃亡者の引き渡しをめぐる問題は、「法律的なチャレンジであると同時に、政治的なチャレンジでもある」（第6章、「ダモクレスの剣」の項参照）のである。

朗報がある。本書もそろそろ脱稿という頃、秋山さんの弁護士から、アジアの移住先の国での民事訴訟で、秋山さんが全面勝訴したというメールをもらったのだ。もともと原告側が根拠のない主張をしたでたらめな訴訟だったが、秋山さんにとっては、二正面作戦のうち、片方は解決に近づいたことになる。

残るは米国案件だ。秋山さんの弁護士は、「米司法省と交渉し、起訴取り下げを勝ち取りたい」と話す。類似の事例から判断する限り、秋山さんの立ち位置は、かなりシロに近いようにも見える。今後も、米政府という巨人を相手に闘っている秋山さんについては、取材を続けていきたいと考えている。

潮見坂綜合法律事務所の渡邊肇弁護士には、反トラスト法の執行について多岐にわたりご教示いただいた上、法律用語や言い回しについてチェックしていただいた。本書でコメントを引用した他の大勢の方々にも、貴重な時間を割き、話を聞かせていただいた。お礼を申し上げたい。

同時代社の川上隆社長は、無名ジャーナリストの原稿に目を通し、内容を評価してくださった。リスクを取っていただいたことに心から感謝したい。と同時に、筆者として責任を感じている。
最後に、これまで陰になりひなたになり支え、励ましてくれた家族に感謝したい。ジョシュア・レヴィーンの著作『ダンケルク』（武藤陽生訳、ハーパーコリンズ・ジャパン）の献辞を引用して、この本を捧げる。

インスピレーションを与えてくれた晃代へ
インスピレーションを与えたい丈、凜、礼、聖へ

2020年2月、春一番が吹いた日に

有吉功一

Kurt Eichenwald, “The informant: A true story”, Crown/Archetype,2001
Brandon L. Garrett, “Too big to jail–How prosecutors compromise with corporations”, The Belknap Press of Harvard University Press, 2014
ハンナ・アーレント『新版エルサレムのアイヒマン　悪の陳腐さについての報告』大久保和郎訳、みすず書房、2017年
伊集院丈『雲を摑め　富士通・IBM秘密交渉』日本経済新聞社、2007年
入江源太・松嶋隆弘編著『カルテル規制とリニエンシー―課徴金減免制度の考察と活用』三協法規出版、2014年
上杉秋則『独禁法の来し方・行く末～支流から本流への歩み～』第一法規、2007年
小田切宏之『競争政策論　独占禁止法事例とともに学ぶ産業組織論』日本評論社、2008年
カフカ『訴訟』丘沢静也訳、光文社古典新訳文庫、2009年
スティーヴン・キング『暗黒の塔（ダーク・タワー）Ｉ　ガンスリンガー』池央耿訳、角川文庫、1998年
スティーヴン・キング『ダーク・タワー1　ガンスリンガー』風間賢二訳、新潮文庫、2005年
ジョン・グリシャム『司法取引（上・下）』白石朗訳、新潮文庫、2015年
後藤晃『独占禁止法と日本経済』ＮＴＴ出版、2013年
佐藤一雄『アメリカ反トラスト法―独占禁止政策の原理とその実践―』青林書院、1998年
サン＝テグジュペリ『ちいさな王子』野崎歓訳、光文社古典新訳文庫、2006年
Ｊ・Ｈ・シェネフィールド、Ｉ・Ｍ・ステルツァー『アメリカ独占禁止法　実務と理論　改訂版』金子晃、佐藤潤訳、三省堂、2004年

コリン・P・A・ジョーンズ『手ごわい頭脳・アメリカン弁護士の思考法』新潮新書、2008年
『新訂　孫子』金谷治訳注、岩波文庫、2000年
田中英夫編『英米法辞典』東京大学出版会、1991年
堂目卓生『アダム・スミス　『道徳感情論』と『国富論』の世界』中公新書、2008年
トクヴィル『アメリカのデモクラシー（第一巻（上））』松本礼二訳、岩波文庫、2005年
深町隆、山口義正『内部告発の時代』平凡社新書、2016年
本間道治監修『エンプロイメント・アット・ウィル―日米雇用法の違いと米国式マネジメント』日本在外企業協会、2020年
松下幸之助『道をひらく』PHP研究所、1968年
村上政博『アメリカ独占禁止法〔第2版〕』弘文堂、1999年
森本哲也『概説　アメリカ連邦刑事手続』信山社、2005年
龍義人、山口利昭、井上朗『国際カルテルが会社を滅ぼす――司法取引、クラスアクションの実態と日本企業の対応』同文館出版、2014年
マルク・ルブラン『インターポール　国際刑事警察機構の歴史と活動』北浦春香訳、白水社、2005年
渡邊肇『米国反トラスト法執行の実務と対策〔第2版〕』商事法務、2015年

〔事項〕

索　引

〔人名〕

〔企業〕

著者略歴
有吉 功一（ありよし・こういち）
1960年　埼玉県生まれ
1984年　大阪大学文学部仏文科卒
1984年　東レ株式会社入社
1988年　株式会社時事通信社入社
1994〜98年　時事通信社ロンドン支局特派員
2006〜10年　時事通信社ブリュッセル支局長
現在　時事通信社外国経済部

〔著書〕
『巨大通貨ユーロの野望』（共著）　時事通信社　1998年

国際カルテル——狙われる日本企業

2020年5月29日　初版第1刷発行

著　者　有吉功一
発行者　川上　隆
発行所　株式会社同時代社
〒101-0065　東京都千代田区西神田2-7-6
電話　03(3261)3149　FAX　03(3261)3237
組　版　有限会社閏月社
装　幀　クリエイティブ・コンセプト
印　刷　中央精版印刷株式会社

ISBN978-4-88683-875-9